hingabe und eigensinn

Das Buch

Sein Leben in die Hand nehmen, sich ihm stellen, es immer wieder mit ihm aufnehmen, ihm etwas abgewinnen. Sich einmischen, sich einsetzen. Es erdulden, sich aufrichten und sich bücken können, Leben genießen. Spirituell grundiert, beziehungsreich. Alltage voll Hingabe und Eigensinn – davon handeln die Betrachtungen, die Gebete und Gedichte, mal zupackend, mal nachdenklich. Bei etlichen Texten fließen Erfahrungen aus Ghana /Westafrika ein, sie nehmen das Leben von einer anderen Seite in den Blick.

Das Buch ist eine Ermutigung zu einem Leben voller Eigensinn und Hingabe. Mit einer Vielzahl von Anregungen plädiert der Autor für eine Spiritualität des Wegs: des Gehens, des Innehaltens, des Verweilens, des erneuten Aufbrechens. Also einer Spiritualität, die bezogen ist auf das, was jetzt Aufmerksamkeit will, was entgegenkommt, was danach verlangt, Gestalt zu gewinnen, gestaltet zu werden.

Ein Buch für Menschen, die am Eigenen ebenso interessiert sind wie am Anderen, am Vertrauten wie am Fremden, an Beziehung gleichermaßen wie an Eigenständigkeit, und denen an einer spirituellen Orientierung ihrer Alltage im weiten Horizont des Christlichen liegt.

Der Autor

Dr. Michael Lipps, Jahrgang 1951, evangelischer Pfarrer, Lehrbeauftragter für Themenzentrierte Interaktion am Ruth-Cohn-Institut.
Zunächst Gemeindepfarrer in Mittelbaden, ab 1987 Leiter der Arbeitsstelle für Evangelische Erwachsenenbildung in Mannheim. Mitgründer und -leiter des Ökumenischen Bildungszentrums *sanctclara* Mannheim von seiner Erbauung im Jahr 2000 an. Im Winter 2010/2011 dreimonatiger Studienaufenthalt in Ghana. Seit Oktober 2011 Leiter der TelefonSeelsorge Rhein-Neckar.

Verheiratet, vier erwachsene Kinder, zwei Enkel. Besonders interessiert an Religion, Theologie und Spiritualität, an Musik und Arbeit mit Holz, an Seelsorge, Beratung und Supervision. Engagiert in Fragen von Kommunikation und Kooperation, im Entwickeln von Selbstleitungs- und Führungsprofilen.

Michael Lipps

hingabe
und
eigensinn

spirituelle texte zu lebensart und lebensweg

Ein *sanctclara* Buch in der EDITION QUADRAT

Inhaltsverzeichnis

Zum Innehalten	7
von neuem	**11**
Weg und Ziel	12
dass du mit uns gehst	16
Aufsteigend	17
wach auf	20
Was willst du mit deinem Leben?	21
mich einfinden	25
Lernen	26
herzöffner	29
Wie ein Stück Mango auf der Zunge	30
rücklings	33
Wahlheimat	34
bußgebet am samstagabend	37
Mosheshoe	38
palmkronen	41
Tonfolgen des Trostes	42
heiler gott	46
Wege der Versöhnung	47
christmas eve 2010	51
sein leben in die hand nehmen	**53**
Mich aufmachen	54
neujahrsfragment	62
Pick up your life	63
jedoch	66
Haltet mich nicht auf	67
schattengleich	70
En passant	71
carpe diem	74
Fastenzeit und freudenreich	75
frühling	77
Allgegenwärtig der Horizont	78
in jeder pore	80

Seelenwegweiser	81
am abend	83

zugewandt 85

Staunend gehen	86
du	92
Friedefürst	93
morgensegen über istanbul	96
Dein sein	97
wärst du ein mensch mein gott	101
Nathanael	102
sommermorgen	105
Wir sind Ruander	106
friedensstifter	107
Wie ein Teppich vor die Füße gelegt	108
am grab	111

schritt für schritt 113

entgegengehen	114
Es wird was für mich dabei sein	115
aller seelen	118
Mit dem rechten Fuß zuerst	119
haussegen	121
Im Lauf der Dinge	122
august	124
Namenlos	125
zeitläufte	127
Manchmal wundersam	128
zeitstrom	130
Beglückend die Grenzen	131
liebes band	135
Siebzehn Fragen zur Lebensreise	136

Deine Gnade bleib bei uns – Liturgical Hymn, Ghana   138

Hinweise   139

Impressum   144

Zum Innehalten

Hingabe und Eigensinn. Der Titel verlockt zum Innehalten, erfordert Aufmerksamkeit. Was auf den ersten Blick widersprüchlich, sich ausschließend einher kommt, wird sich im zweiten Hinschauen aufschließen, als gingen die Hingabe und der Eigensinn Hand in Hand. Wie sie das tun, wie eigensinnig und hingebungsvoll zu sein zusammengehören, wie es lebendig macht, sie zusammen zu sehen, fähig, Leben zu empfangen, es zu gestalten – davon handeln die Texte dieses Buches. Immer geht es darum, wie Leben gelebt werden kann und will als das unverwechselbar eigene Leben, welcher Art es sein soll, auf welche Wege es führt. Fragen der Lebensart und das Motiv des Weges sind die Grundmelodie, die sich durch die einzelnen Abschnitte hörbar machen: *von neuem / sein leben in die hand nehmen / zugewandt / schritt für schritt.*

Sein Leben in die Hand nehmen, sich ihm stellen, es immer wieder mit ihm aufnehmen. Ihm etwas abgewinnen. Sich einmischen, sich einsetzen, es erdulden, sich aufrichten und sich bücken können, Leben genießen. Spirituell grundiert, beziehungsreich. Davon handeln die Betrachtungen, die Gebete und Gedichte, mal zupackend, mal nachdenklich. Und sie tun das in einem weiten christlichen Horizont.

So ist dieses Buch eine Anregung zum Innehalten. Eine alte Erfahrung sagt: Wenn du unterwegs bist und etwas auf dem Weg oder am Wegesrand deine Aufmerksamkeit erregt, du es näher betrachten willst – tu es nicht im Gehen, begnüge dich nicht mit dem Vorübergehen, bleib stehen. Im Vorübergehen wirst du es nicht erfassen. Halte inne, ergreife die Gelegenheit, nimm dir die Zeit, die es von dir fordert und die es braucht.

Manche Betrachtungen sind bei Gelegenheit entstanden, andere gezielt für dieses Buch, eine Reihe von Texten während meines Studienaufenthalts in Ghana im Winter 2010/2011. Sie ermöglichen eine andere, neue Perspektive.

Ein Adinkra-Symbol kennzeichnet jeden dieser Texte. Erläuterungen zu den Symbolen finden sich in den Hinweisen auf den Seiten 139 bis 142.

Marie Elisabeth Schneider hat wesentlich zum Werden dieses Buches beigetragen. Ihr will ich in besonderer Weise danken. Ihre Resonanzen sind warmherzig und ermutigend, ihr Lektorat hat die Entstehung des Buches fachkundig und inspirierend begleitet. Danken will ich Johanna Renner, mit der ich seit vielen Jahren in lebendigem Austausch im Themenbereich „Themenzentrierte Interaktion und Spiritualität" bin, der Buchtitel ist durch gemeinsame Kursarbeit angeregt. Danken will ich von Herzen Michael Wegner. Er hat das Manuskript, wie die aller bisherigen *sanctaclara* Bücher seit dem Erscheinen von *Gott in vielen Stimmen. Beten in Mannheim* vor zehn Jahren, zur Drucklegung durchgesehen. Mein Dank gilt Diana May für das Layout und einmal mehr Bernhard Wipfler, dessen freundschaftliches Engagement und verlegerisches Können dieses Buch auf den Weg gebracht haben.

Mannheim, im Frühherbst 2011

Michael Lipps

von

neuem

Weg und Ziel

Der Sinn des Wegs, sagt man oft, liege in ihm selbst. Der Zweck der Reise sei – sie selbst. Die bekannteste Formulierung dafür ist der Satz, der je nach persönlicher Neigung und Prägung eher Martin Luther oder Konfuzius, vielleicht auch weiteren Größen der Geistes- und Religionsgeschichte zugeschrieben wird: Der Weg sei das Ziel. *Der Weg ist das Ziel.*

Es ist einer der beliebtesten Sätze unter Menschen, die religiös Suchende sind. Und wer ist das nicht? Es ist einer von diesen Sätzen voller Wahrheit: Sich bewusst werden, dass Leben sich im Hier und Jetzt entscheidet. Es ist nicht schon vorgestern entschieden, es wird sich nicht erst morgen entscheiden. Dieses Bewusstsein ist etwas sehr Kostbares. In meiner Herkunftsfamilie gab es, wie in manch anderen Familien sicher ähnlich, den Spruch: Wenn wir das und das erreicht haben, also beispielsweise alle Kinder durchs Abitur gebracht haben, dann sind wir weiter. Das ist das Leben gedacht als „Curriculum", als Lebenslauf. Wenn wir das und das erreicht haben – darin klang der Wunsch an: Ach, wären wir doch schon so weit, dann könnten wir aufatmen. Dagegen fordert das Jetztleben sein Recht. Auf das Hier und Jetzt zu pochen, es zu wagen, hat etwas Jesuanisches: *Sorget nicht,* heißt es in der Bergpredigt, *der morgige Tag wird für das Seine sorgen.*

Die Gegenwart achten, das Jetztleben wertschätzen: Der Weg ist das Ziel. Der Satz hat aber auch etwas Unbarmherziges. Wer Fragen stellt, möchte Antworten finden. Wer sich auf den Weg macht, möchte ankommen, ankommen dürfen. Ein Christentum, wie ich es verstehe, nimmt beides ernst: die Verheißung des Wegs und die Verheißung anzukommen. Zur Reise gehört, dass sie Zwecken folgt, ohne dass sie in Zwecken aufgeht. Es wäre lebensfern, die Frage nach dem Wozu und Wohin nicht zu stellen. Sie stellt sich in der Auseinandersetzung mit unterschiedlichen Lebensentwürfen und Lebensdeutungen. Die Beantwortung entscheidet mit über die Frage nach der Art des Reisens. Je mehr ich erreichen will, je deutlicher ich auf ein Ziel zugehe, desto mehr achte ich den Weg, bleibe ich auf dem Weg. Ich möchte darauf achten, was mir vor die Füße kommt, und meinen Blick nicht in der Ferne verlieren und womöglich ins Stolpern kommen. Überhaupt haben wir lange genug pädagogisch wie religiös vom Ende hergedacht. Klassisch bei Wilhelm Busch, die beiden zu Körnern gemahlenen Tunichtgut, hier dazu mit erhobenem Zeigefinger – religiös etwa mit Psalm 39. Brahms hat den Vers ergreifend komponiert: *Herr, lehre doch mich, dass ein Ende mit mir haben muss / und mein Leben ein Ziel hat und ich davonmuss.*

Ich plädiere für eine Akzentuierung der Anfänge und des Aufbrechens. Und damit auch für eine Spiritualität des Wegs, des Gehens, des Innehaltens, des erneuten Aufbrechens. Also einer Spiritualität, die bezogen ist auf das, was mir begegnet, was mir entgegenkommt: auf die Orte, das Situative, Augenblicksverhaftete, auf die Strukturen, auf das, was zwischen Menschen in Bewegung gerät, ins Schwingen kommt. Spiritualität gehört nicht einfach zur Wohlfühlseite des Lebens, sondern sie geht mit Fremdheitserfahrungen einher. Fremdheit ist eine wesentliche Erfahrung auf dem Weg.

Die Antworten der religiösen Überlieferung auf Fragen von Wegfindung und Wegdeutung können helfen, in nicht zu unterschätzender Weise. Doch, im Aufnehmen oder im Abgrenzen oder im Versuch neu zu formulieren: Es wird meine Antwort werden müssen. Und wenn ich sie mit andern zusammen finde, hat sie einen weiteren Horizont, kommen andere Wegerfahrungen ins Spiel, mag die Antwort nicht nur für heute, sondern vielleicht auch für morgen gelten. So bietet gelebte Spiritualität Weggeleit, Rastplätze, Beheimatungen, vorläufige, aber doch geschützt, so wie der Kreis einer Kursgruppe einen schützenden Raum zugleich eröffnet und begrenzt. Nehmen und geben, empfangen und weitergeben sind Bewegungen des Lebens. Eine Spiritualität, die sich wechselweise versteht, in fröhlichem

Tausch das Leben bereichert, dem Leben dient, wird ein Gefährt sein können, wird holprigen Wegstrecken gewachsen sein, dem Leid standhalten.

Dabei sind Traditionen, die alten Hinweisschilder, Gebots- und Verbotsschilder selten noch bindend, oft sind sie kaum mehr lesbar. Doch sie wollen geprüft werden. Mit dem Verlust des bestimmenden Kollektivs wächst die Eigenverantwortlichkeit: Ich bin verantwortlich für meinen Weg, für meine Reiseroute. Das mag man beklagen oder begrüßen. Den Weg zu finden ist wohl schwieriger geworden, doch auch abwechslungs- und aussichtsreicher. Selbstleitung ist angesagt, es ist die für ihr Fühlen, Denken, Wollen verantwortliche Persönlichkeit, die unterwegs ist. Die Spiritualität, die darin gelebt wird, ist subjektiv, ich kann mich nicht vertreten lassen. Die Expertinnen und Experten in Sachen Glauben und Spiritualität sitzen in den Straßencafes ebenso wie in Kirchenbänken oder auf Berggipfeln – oder gerade eben über einem aufgeschlagenen Buch. Aber welch schrecklicher Gedanke, wenn da jede und jeder für sich allein bliebe, allein am Bistrotisch, allein in der Bank.

Es verwundert nicht, dass mit der Verantwortlichkeit für den eigenen Weg die Sehnsucht wächst nach der Verbindlichkeit der Gruppe, wenigstens einer Gemeinschaft auf Zeit. Wer möchte schon auf Dauer gänzlich allein reisen? Das Spiel des Eigenstands und des Bezogenseins, der Balance von Autonomie und Interdependenz braucht Aufmerksamkeit. In Kursen erlebe ich bei Teilnehmerinnen und Teilnehmern immer wieder, dass alte Verletzungen durch Vertreter institutionalisierter Religion kaum vernarbt sind. Zunehmend auch: dass sie mit institutionalisierter Religion kaum in Kontakt kommen. Oft ist aber der Hunger nach Nahrung für Seele und Leib größer, ist die Neugierde auf das, was das Leben bereithalten mag, stärker. Und oft beflügelt der Wunsch nach Weggemeinschaft, erotisiert das Verlangen sich hinzugeben, nach Einssein, entsteht die Erkenntnis: Ich bin gewiesen, angewiesen. An genau diesen Stellen, so meine ich, haben Kirchen zu stehen, vorzugsweise körperlich. Und sie tun es ja auch, oft mit ganzen

Sammlungen von Kleinoden und Wegzehrungen, mit offenen Ohren. Wenn man sich ein bisschen umschaut, kann man sie finden. Das Christentum hat sich schon immer als Lebensart, als „way of life" verstanden – in den Anfängen konnte man von ihm einfach als von „dem Weg" sprechen. Mich auf dem Weg umschauen, bei Zeiten rasten, mich und andere stärken – so erfahren wir Sinn.

dass du mit uns gehst

mein gott
so wenig weiß ich
von den wegen
die vor mir liegen

manchmal macht
mir das angst

dann wieder
bin ich neugierig

so ist das
leben schön –

wie es um mich
stehen mag

wie es wohl wird
und kommt

meine wege
seien wege mit dir

begleite die mir lieb sind
sei auch mit denen
denen ich nicht so nahe bin
nicht nahe sein will

dass in allem
was geschieht
wie es kommt
oder ausbleibt

du da seist
mit uns gehst

Aufsteigend

Seit Tagen habe ich die Melodie im Ohr. Über eine ganze Oktave steigt sie an, nimmt sie mich mit. Am Morgen vernehme ich sie am kräftigsten. *Mein erst Gefühl sei Preis und Dank, / erheb ihn, meine Seele!* Ja, es ist ein Lied für den Morgen. Christian Fürchtegott Gellert hat es vor 250 Jahren geschrieben, die Melodie von Michael Praetorius ist noch 150 Jahre älter. Die Verse stehen in einer langen Tradition. *Lobe den Herrn, meine Seele, und was in mir ist, seinen heiligen Namen!* so beginnt der 103. Psalm – *Meine Seele erhebt den Herrn, und mein Geist freut sich Gottes, meines Heilandes,* das Magnificat, der Lobgesang Marias.

Eine aufsteigende Melodie, aufsteigend wie die über den Horizont, die Baumwipfel, die Dächer emporkommende Sonne. Wie der Mensch am Morgen. Ich richte mich auf, ich erhebe mich. So erhebt das Lob Gottes, so richtet Danken den Menschen auf. *Mein erst Geschäft sey Preiß und Dank* heißt es in der ursprünglichen Textfassung. Es geht nicht zuerst um meine Gestimmtheit. Auch nicht um das, was heute ansteht, nicht um das, was ich gestern zu Wege gebracht habe, überhaupt um nichts, was ich probiert, gefertigt, was mir geglückt oder missglückt ist oder heute glücken soll – dies alles richtet am Morgen nichts aus.

Dankbaren Herzens sein, das richtet auf. Das erste Tun am Tag ist Gott danken. Danken – eine Haltung, das Leben willkommen zu heißen, sich im Leben willkommen zu wissen. Was heißt das?

Es ist für mich gesorgt.

Ich bin nicht allein auf dieser Erde.

Ich habe alles, was ich zum Leben brauche.

Ich bin fähig, Verantwortung zu tragen.

Ich bin über alle Maßen geliebt.

Unser Leben ist kostbar.

Es wird gelingen.

Jeder neue Tag ist wie von Neuem zur Welt kommen. Ich komme zur Welt, und ich komme zu mir. Von dieser Welt zu sein, ist das erste, dessen ich im Erwachen gewahr werde. Ich spüre mich, ich atme. Ich bin bewegt, ich bewege mich – ich bin. Die Art des Wahrnehmens hat unterschiedliche Facetten. Selten ist es der distanzierte Blick, der unbeteiligt auf dieses Leben schaut. Häufig hat diese Art des Wahrnehmens etwas Prüfendes, kein gezieltes Vorhaben, wie man mit einer Checkliste in der Hand untersucht oder abwägt, eher tastend: Wie steht es um mich heute morgen? Wie stehe ich? Manchmal, gerade an Tagen und nach Nächten, in denen Leben schwer geworden war, ist es ein Staunen: Schau, ich bin, und mit mir ist die Welt, und es ist hell! Wenn es irgendwo in meinem Körper ein Weh gibt, wird meine Aufmerksamkeit zuerst an dieser Stelle sein, ob ich will oder nicht – vielleicht konnte ich deswegen nicht mehr schlafen. Wenn ein Traum mit in den Tag drängt, werde ich ihm nachgehen. Manchmal holt mich ein Kummer vom Tag zuvor ein, als ob er auf mich gewartet hätte, steht er schon bereit. Doch auch das Behagen kann Schlange stehen, muss nicht aufgefordert werden, nach vorne zu treten: Ich freue mich auf ein Vorhaben heute, auf eine Arbeit, von der ich weiß, sie geht mir leicht von der Hand und sie ist wertgeschätzt, ich bin beglückt über eine lang ersehnte Begegnung. Was an Agenda für den Tag ansteht, mag schon präsent sein – doch das kann warten.

Die Wahrnehmung am Morgen gilt dem Leben, meiner Lebendigkeit, meiner Gestimmtheit, meiner Bereitschaft für den Tag: Ja, ich bin. Ja, so bin ich. Das ist das eine. Der erste Gedanke freilich, noch unformuliert und dann ins Wort gebracht, eine erste Antwort auf diesen Tag – das ist der Dank. Danken führt mich über die Wahrnehmung meiner selbst hinaus. Ich bin Teil eines größeren Ganzen. Ich bin nicht allein.

Ich danke dir, mein himmlischer Vater, durch Jesus Christus, deinen lieben Sohn... betet Martin Luther, stellt sich, indem er sich bekreuzigt und den Namen Gottes nennt, in die Gegenwart des Heiligen. Ich danke für den neuen Tag, für das Leben, dass ich bin. Immer wieder, so die Erfahrung, braucht der Dank kein Wofür. Wie eine Schale ist er, in der alles andere liegen kann, mein Sein und mein Sosein, die Anliegen, die ich habe, meine Wünsche, meine Angst, meine unerfüllte Sehnsucht. Er ist auch das Gefäß, wenn ich mir vornehme, etwas zu ändern, es muss nicht gleich mein ganzes Leben sein. Im Danken bekommt mein Leben eine Fassung, bekommen meine Gestimmtheiten und meine Wünsche, meine Vorhaben und meine Begegnungen eine Stütze, einen Halt.

Im Danken lasse ich hinter mir, was mich einsam macht. Ich muss dann nicht weit schauen, wem auf dieser Erde, nah oder fern, ich danken kann, wofür ich zu danken habe. Wofür ich nichts sonst tun, oft wenig genug beitragen, nicht mal wirklich dafür einstehen kann.

Es gibt Zeiten im Leben, da habe ich keine Tür zu dieser Haltung, das Leben zu bejahen. Ich bin auch nicht immer mit ganzem Herzen dabei. Bisweilen spricht einiges dafür zu sagen: Was an diesem Morgen soll schon dankenswert sein? Und dennoch danken? Manchmal tut es jemand stellvertretend für mich. Aber auch, wenn niemand da ist, der es für mich tun könnte, so kann ich doch zumindest bei dieser Übung des Dankens bleiben, selbst wenn mir ist, als formulierten mein Mund, meine Lippen ohne mich. Sollen sie! Sie haben es lange genug geübt. So werden sie es auch jetzt tun können. Wo ich es nicht kann, müssen sie es für mich tun. Sie werden es so lange allein tun müssen, bis ich die Worte wieder selbst sprechen kann. Häufig kommen sie im Hören unmerklich und überraschend zu mir zurück: Ich danke dir, dass ich bin.

Die Melodie des Dankens ist aufsteigend, unangestrengt aufsteigend. Bleib ruhig mit der Stimme für eine Weile am Ende der Zeile. Lass dir Zeit da oben, verweile, bevor du erneut einatmest – die Melodie kehrt früh genug zu ihrem Ursprung zurück. Wie zu dem, zu dem ich mich im Danken wende, zu diesem lebensbejahenden Gott.

wach auf

ein bisschen müde
bin ich noch lieber gott
allein der morgen ist
heiter und hell

als hörte ich
dich rufen
komm
wach auf

so will ich dir danken
für die ruhe des herzens
meinen erwachenden geist

für den reichtum meiner inneren welt
dass du mit vernunft mich begabst

danken will ich dir für die
mit denen ich das leben heute teile
die mit mir zusammen arbeiten
für die aufgaben die auf mich warten

wach auf
komm
hör ich
dich rufen

hier bin ich
mein Gott

Was willst du mit deinem Leben?

In einem frühchristlich-gnostischen Gesang, dem Perlenlied, erzählt ein Königssohn von dem Auftrag, den seine königlichen Eltern ihm gegeben haben. ... *und sie schlossen mit mir einen Vertrag, / in mein Herz schrieben sie ihn, / nie sollte ich ihn vergessen: / Hinunter nach Ägypten wirst du steigen, dort wirst du die Perle finden, die ihresgleichen nicht hat. / Mitten im Meer wird sie sein, / von einem schnaubenden Drachen bewacht. / Wenn du zurückkommst mit der Perle, die ihresgleichen nicht hat, / sollst du dein Strahlenkleid wieder anziehen, / den kostbaren Mantel erhältst du zurück. Mit deinem Bruder, unserem Zweiten, / wirst du der Erbe sein in unserem Reich.* Der Königssohn nimmt seine Bestimmung an, folgt ihr, macht sich, mit allem ausgestattet, was er für die Reise braucht, auf den Weg nach Ägypten. Doch dort angekommen vergisst er, was ihm aufgetragen wurde, vergisst seine Bestimmung und fällt in einen tiefen Schlaf. Ein Adler überbringt einen Brief seiner königlichen Eltern, der Sohn sollte „nicht im Stich gelassen werden". *Da erinnerte ich mich der Worte in meinem Herzen, / die Worte des Briefes und die mir eingeschriebenen Worte, / sie stimmten überein. / Wie konnte ich vergessen, dass ich ein Königssohn bin? Wie konnte ich meine Freiheit verleugnen und untreu werden meiner Berufung?* So kommt er zu sich, verzaubert und überlistet den Drachen, kehrt mit der Perle zurück und wird in Ehren empfangen.

Eine vielschichtige, eine symbolreiche Erzählung. Es lohnt, darüber nachzudenken, wie ein Mensch, dieser junge Königssohn, den Auftrag wahrnimmt, den er bekommt, wie er seine Bestimmung annimmt und ihr folgt. Er hat sie sich nicht selbst ausgesucht, er hat kaum eine andere Wahl – und sie wird sein Leben verändern, ihm die Richtung geben. Was zu tun ist, tut er in ihrem Horizont: die Vorbereitung zur Reise, die Ausstattung, die Reise selbst. Alles lässt sich gut an, der weite Weg ist gegangen. Und dann der Moment des Vergessens, gegen das er sich nicht wehren kann. Wer könnte sich auf Dauer gegen den Schlaf wehren, erst recht, wenn ihm jemand, wie diesem Königssohn, etwas unters

Essen gemischt hat? Bis der Adler entsandt wird und sich neben dem Schlafenden niederlässt: *Zu einer Stimme wurde der Brief, / bei seinem Rufen und seinem Rauschen / erwachte ich aus meinem Todesschlaf, / erstand ich aus meinen Todesträumen. / Und ich nahm den Brief und küsste ihn, / ich löste sein Siegel und las ihn.* Es ist, als ob er wieder zu sich gefunden hätte, so dass er es erneut mit dem Leben aufnehmen kann: Er hat sich seiner Bestimmung erinnert, mehr noch: Er hört den Ruf.

In vielen Erzählungen der biblischen Tradition wird dieser Gedanke pointiert. Das heißt dann: Alles was ich tue, alles was ich lasse, auch unterlasse, das ist nicht etwas, was ich aus mir selbst tue, sondern eine Erwiderung, eine Entgegnung. Nicht Wort, sondern Antwort. Mit mir selbst stehe ich schon immer in Beziehung, bin ich Teil eines Beziehungsgeschehens. Eine der stärksten Berufungsgeschichten ist die des Mose. Oder die davon, wie Jesus die Jünger ruft: „Folget mir nach".

Danach käme es darauf an, diesen Ruf zu hören und darauf mit seinem ganzen Leben zu antworten. In der Frömmigkeitsgeschichte wird, was ich damit tue, ‚meine Berufung annehmen und ihr folgen' genannt. Das hat noch mal eine andere Bedeutung als ‚meiner Bestimmung folgen'. Meine Entscheidung ist gefragt. Berufung hat nicht so sehr den Auftrag im Blick, vielmehr das Wohin und das Wozu. Die Fragen sind: Wozu bin ich auf dieser Welt? Was will ich mit meinem Leben? Und was trage ich bei zum Leben der Gemeinschaft?

Menschen finden das auf unterschiedliche Weisen heraus. Zum Beispiel im Gebet – die Stille, das Beten mit anderen zusammen, die Psalmen, im weiteren Sinn die Beschäftigung mit dem Wort der Schrift. Oder im Gespräch – im seelsorglich-beratenden, im Gespräch unter Freundinnen und Freunden. Manchmal gibt es einen Hinweis in alten Briefen. Oder während einer Pilgerfahrt – dieser Reise, von deren innerem Ausgang ich vorher wenig weiß. Und manchmal fliegt mich eine Erkenntnis ganz unvermutet an – dann will sie flugs festgehalten sein. Immer geht es um das Hören und das Verstehen des Rufs.

Alles, was ich tue, ist ein Teil meiner Berufung, auch alles, was ich lasse. Wie ich meine Beziehungen gestalte, wie ich meine Arbeit tue. Es ist allemal günstiger, sich dessen bewusst zu sein, es sich bewusst zu machen, als die Antwort auf den Ruf anderen zu überlassen, die mir sagen, was ich zu tun oder zu lassen habe. Es ist günstiger, als einer Gewohnheit aufzusitzen. Alles entfaltet sich im Horizont der Antwort auf die Frage: Was willst du mit deinem Leben? Worin besteht dein Beitrag zum Leben der Gemeinschaft, deren Teil du bist, zu der du gehörst. – Es ist kein geringer Anspruch, der hier gelebt werden will. Zugleich ist viel Entlastung darin, einem Ruf zu folgen, gerade in der Ermutigung, die eigene Verantwortlichkeit zu erkennen und wahrzunehmen.

Es sind große Fragen, gewiss. Und große Fragen entmutigen oft – weil die Antwort dann auch groß sein müsste? Zwei Hinweise deshalb.

Die wenigsten Fragen zielen auf Antworten, die das ganze Leben von Grund auf und anhaltend bestimmen, fortschreiben oder verändern. Und selbst diese Fragen wollen im weiteren Verlauf immer wieder eingeholt, neu bestimmt und alltäglich gelebt werden. Das Leben besteht aus einer Vielzahl von Schritten, von denen jeder einer nach dem andern gegangen sein will. Das hat die Chance, dass ich überprüfen kann, ob die Richtung stimmt, die Geschwindigkeit angemessen ist, die Tageszeit, die Gesellschaft, in der ich mich befinde. Damit die Fragen also Gebrauchsfragen werden, hilft es, sie so zu formulieren, dass sie Antworten ermöglichen. Ich nehme nicht das Ganze, schon gar nicht das Große und Ganze auf einmal in den Blick, sondern eine bestimmte Situation, einen überschaubaren Zeitraum. Das ist individuell und je nach Situation verschieden. Also etwa: Was will ich mit diesem Tag, der mir geschenkt ist, in dieser Woche? Was will ich in dieser Begegnung? Freue ich mich darauf? Oder liegt sie mir im Magen? Was will ich in dieser oder jener Beziehung? „Ich will" meint dabei weniger das Ziel – nicht: Was will ich erreichen? Sondern wirklich: Was will ich? Das spannt den Bogen, meint das Geschehen, das zwischen hier und dort liegt.

Alles, was ich tue, als Teil meiner Berufung zu sehen, hat etwas sehr Entlastendes. Wenn ich immer Antwortender, Antwortende bin – mit dem, was ich bin, sage, mache, in die Wege leite, ins Werk setze – dann bin ich immer auch in Beziehung. Das vertreibt manche Einsamkeit und richtet auf: Ich bin nicht allein. Ich habe in jeder Situation die Möglichkeit mich daran zu erinnern, dass ich Zwiesprache halten kann. Um zu Kräften zu kommen. Um den Kopf klar zu kriegen. Um die Stimme zu hören, der ich folgen will.

mich einfinden

mich einfinden
mein gott bei dir
von dir behütet
begleitet beschirmt

auf dich hoffen mein gott
auf dich deine lebendigkeit
dir vertrauen
deiner sanftmut

hier bin ich
mit meinem atem meiner kraft
meiner phantasie meinem mut

hier bin ich
mit dem was mich ängstigt
meinen luftgespinsten
meinem kleinglauben

hier bin ich
mit dem worin ich andere einenge
worin ich sie ermüde übergehe

nimm mich
mit meinem wunsch
achtsamer dir näher zu sein

zu eigen dir dem
was dem leben dient

Lernen

Vieles, vielleicht das meiste, das wir im Leben lernen, ein Leben lang lernen, lernen wir beiläufig, lernen wir durch Leben: Es widerfährt uns. Wir werden mit der Nase darauf gestoßen. Etwas fällt ungesucht zu. Und es verändert uns.

Anderes lernen wir absichtsvoll und zielgerichtet. Eines der Bilder für Gott, die selten genannt werden, ist das des Lehrers, der Lehrerin. Christus, der Seiende, als Lehrer – mit der einen Hand die Segensgeste, mit der anderen die Thorarolle – das ist eines der selteneren, wenn auch ein altes Motiv der Ikonenmalerei.

In einem Psalmvers, einem von denen, die Generationen von Konfirmandinnen und Konfirmanden als Konfirmationsspruch mit auf den Weg bekommen haben, heißt es: *Weise mir, Herr, deinen Weg, dass ich wandle in deiner Wahrheit; erhalte mein Herz bei dem einen, dass ich deinen Namen fürchte.* In der englischen Übersetzung des hebräischen Textes lautet der Vers: *Teach me your way, o Lord, that I may walk in your truth; give me an undivided heart to revere your name.* An Luthers Übersetzung, so poetisch sie ist, irritiert viele bis heute der Schluss *dass ich deinen Namen fürchte.* Gott fürchten, das will kaum jemand, das kommt von einem autoritär anmutenden Glauben aus fernen Zeiten herüber, wie kaum jemand Gott kennen lernen will. Wir übersetzen es, wie es die englische Version tut, unserem heutigen Sprachgebrauch lieber mit ehren, verehren – das alte Wort Ehrfurcht drückt es angemessen aus: dem Namen Gottes mit Ehrfurcht begegnen.

Der Beginn des Verses in der englischen Übersetzung hat meine besondere Aufmerksamkeit: *Teach me* – Lehre mich, unterrichte mich, unterweise mich oder eben: Weise mir deinen Weg. Ausdrücklich begebe ich mich, wenn ich diesen Psalmvers bete, in eine Haltung des Lernens. Das ist nicht nur für Religion und Glauben eine zweckdienliche Haltung. Lernen, so sagt man, geschehe lebenslang – und sei ein aggressiver Vorgang: Ich gehe nach vorne, auf etwas zu, ich greife etwas auf, ich setze mich auseinander, ich begreife etwas, mache mir zu eigen. Das Gegenteil davon wäre: Ich sperre den Mund auf und warte, bis ich gefüttert werde. Das hat seine Zeit im Leben, doch je erwachsener wir werden, desto weniger, man mag es hin und wieder bedauern, desto seltener taugt das zweite Modell.

Zwei Verben fallen mir ein, wenn ich diese Art des Lernens beschreiben will.

Lernen als ein aggressiver Vorgang bedeutet erforschen – als Lernende bewahren wir uns unsere Fähigkeit zu staunen und unsere Neugierde, unsere Lust zu erkunden. Nichts ist dem Lernen abträglicher als ein Satz wie „Mich wundert gar nichts", oder „Mich wundert gar nichts mehr".

Lernen bedeutet ebenso *üben, einüben* – das geht mal leichter, mal mühevoller: aufgreifen, bewusst machen, durchkauen, wiederholen, sich zu eigen machen – ob es um Fakten oder um Haltung geht, um das Einüben kommen wir nicht herum. Bei Langstreckenläufern und Cellistinnen hängt der Erfolg daran – sichtbar und hörbar. Bei andern Übenden auch.

Je erwachsener wir sind, desto mehr kommt ein Weiteres zum Erforschen und zum Einüben dazu, und das braucht Aufmerksamkeit: Zum Lernen gehört das *Vergessen*. Nicht das von der Art, die von manchen im Älterwerden gefürchtet wird, sondern das Vergessen als Teil des Lernens selbst: Ich hinterfrage Gewohntes, verabschiede mich von früher Gelerntem, mache Platz. Manches überholt sich von selbst. Manches trägt nicht mehr, anderes stellt sich als schlicht falsch heraus, wieder anderes hat mal gestimmt, aber für eine veränderte, eine neue Situation trifft es nicht mehr zu. Oder es entpuppt sich als nicht mehr lebensdienlich. Das betrifft vor allem Einstellungen zum Leben – persönliche, politische, kulturelle oder religiöse. Häufig bewirkt diese Art des Vergessens, dass das Herz freier und fester wird. Es wird etwas Neues an die Stelle des Alten treten.

Wenn ich den Psalmvers betrachte und das Bild Gottes, das ihm zugrunde liegt, wenn ich die Bitte spreche „Lehre mich" – dann ist mir die Segensgeste des Christus vor

Augen. Die Schriftrolle in der einen Hand, die andere segnend. Ich stelle mir vor, dass beim Lebenlernen der lehrende Christus der ist, der den einen Schritt voraus ist, am eindrücklichsten in seinen Gleichnissen. So gesegnet will ich beginnen und weitergehen.

Zum Erforschen gehört Mut. Ich denke mir, dass die Lehrerin-Gott die Ermutigende ist: Es ist zu bescheiden, sagt sie, mit diesem Leben nur einigermaßen zurechtkommen zu wollen, setze alles daran es zu hüten, zu fördern, liebe das Leben.

Zum Üben gehört die Ausdauer. Der Lehrer-Gott sei an meiner Seite, begleitend, unterstützend. Zum Verstehen hilft er, er hält Zeiten der Unlust und der Angst zu versagen mit aus, und sagt: Bleib dran, gib nicht auf, gib dich nicht auf.

Und wie ist das mit dem Vergessen? Vielleicht eines nicht. Die Weisheit eines anderen Psalmverses benennt es als Selbstaufforderung und Selbsterinnerung: *Lobe den Herrn, meine Seele, und vergiss nicht, was er dir Gutes getan hat.* Warum? Es lebt sich gelöster, bewegter, hin und wieder beschwingt mit der Erinnerung an das, was mir an Gutem, an Lebensdienlichem auf dieser Erde begegnet. Dies nicht zu vergessen, mehr noch es erinnernd zu bewahren bewirkt einen offeneren Sinn und setzt hin und wieder Kräfte frei, die ich gar nicht oder nicht mehr in mir vermutet habe.

herzöffner

öffne unsere herzen
wundersamer gott

mach sie weit mach sie
weit und froh
mach sie weit und fromm
und froh

mach uns verschwenderisch
in der freude im mitleiden
im lieben

neig dich zu uns
barmherzig und gnädig
sagt der psalm seist du
geduldig und von großer güte

du gott
allzeit wundersamer

herzöffner
auch bei mir

Wie ein Stück Mango auf der Zunge

Es ist nicht die Kultur, nicht die Alltagsfrömmigkeit, in der ich zu Hause bin. Doch sie berührt mich, diese Gebetskultur. Es ist das Beten aus dem Augenblick heraus, das beeindruckt, ein Raum, der offen ist für alle, in den gegangen werden kann mit dem, was gerade ansteht , in dem jede und jeder sich mit ihrem, mit seinem Anliegen vor Gott in die Mitte stellen kann. In den Morgen- und Abendgebeten, vor oder nach einer Sitzung. Oder wenn ein Kollege krank ist und die Gruppe noch für ein paar Minuten zum Beten zusammen bleibt. Ungewohnt, ja, aber im Mitbeten an Selbstverständlichkeit gewinnend. Es scheint niemandem peinlich zu sein, niemandem zu intim.

Mich beeindruckt daran das partizipative Moment. Nicht einer mit oder für alle, sondern alle miteinander. Ja, es braucht ein Maß an Vertrauen dazu. Natürlich fällt es manchen leichter, sich den Raum zu nehmen, andere bleiben lieber in der Stille. Und bestimmt ist es nicht immer ganz einfach abzuwägen, was in die Mitte gehört, in dieses Maß an Öffentlichkeit, und was in die Zwiesprache. Was kann, was will ich von mir sagen? Sicher gibt es immer wieder Momente, in denen sich Sätze von doch recht allgemeiner Weisheit und Wiederholbarkeit finden. Auch der Augenblick scheint nicht einfach nur Neues, bisher Nichtgesagtes bereitzuhalten. Manche Gedanken wiederholen sich – aber wo haben wir das nicht? Und selbst in solchen Augenblicken ist dann plötzlich und überraschend die Präsenz, das Erstmalige, das Unwiederholbare zu spüren. Ja, manchmal mögen sich Zweifel einstellen, ob das, was gebetet wird, so tief aus dem Herzen kommt. Doch – kann ich das wirklich beurteilen? Und muss immer alles ganz aus dem Innern kommen? Kann es nicht auch die tastenden Sätze geben, die vielleicht erst irgendwann später zu einer gültigen Gestalt finden, ohne dass ihre heutige Form einfach unwahr wäre?

Wofür will ich beten? Wofür danken, bitten? Es ist das partizipative Moment, das mich an dieser Art des Betens beeindruckt, das dazu beiträgt, dass eine Versammlung von Menschen zu einer Gruppe, zu einer Gemeinschaft wird. Wir geben einander Einblicke oder genauer Anhörungen von dem, was gerade da ist, was beschäftigt und bewegt, was ansteht. Das kommt ohne Appell einer, hat, zumal auf der Ebene des Miteinanders, keinen Aufforderungscharakter. Das Gebet richtet sich ja an Gott. Niemand muss sich genötigt fühlen, irgendetwas zu unternehmen. Aber das Beten miteinander zu teilen, lässt die Wünsche und Absichten klarer werden, verändert die Beziehungen, macht sie tiefer, wenn es gut geht, authentischer. Warum sollten wir nicht zeitgleich, untereinander vernehmbar, mit Gott und untereinander teilen, was uns wichtig ist?

Es ist nicht die Kultur, in der ich zu Hause bin, aber sie ist nicht nur fremd. Ich bin sonst gewohnt, dass wir, wenn wir in Gruppen für eine Zeit zusammen leben und arbeiten, immer wieder Möglichkeiten schaffen, das zu sagen, was für den Augenblick wichtiger ist als eine Tagesordnung oder sonst eine Planung. Manchmal bringt das einen vergessenen Aspekt zur Sprache und die Gruppe in Schwung. Fragen dazu sind: Was bewegt mich und was will ich mit Euch teilen? Was ist mir jetzt nahe, vielleicht von der Arbeit gestern oder von vorhin, ein Gefühl, eine Gestimmtheit, ein Gedanke? Was will ich euch von mir sagen, um in Kontakt mit mir und mit euch zu sein, um mich dann auf weitere Schritte in unserer gemeinsamen Arbeit, in unserem Zusammensein einzulassen? Häufig genug sind es gerade diese Gelegenheiten, die auch für das Leben der Gruppe wichtig sind und in denen Einzelne mit dem, was sie sagen, Einfluss nehmen auf den weiteren Gang der Dinge.

Sicher, ich will nicht immer Einfluss nehmen. Ich mag auch nicht immer in die Mitte treten. Ich kann auch nicht immer Anteil nehmen, Einblick geben. Wie gerne berge ich mich in Gebeten anderer, in Gebeten, die – wie das Leben sonst – nicht in jedem Augenblick neu ersonnen, nicht erfunden werden müssen. In denen ich nichts formulieren, nicht mal was von mir sagen muss, die es schon immer gab, die ich kenne, mit denen ich mich schon vor langer Zeit befreundet habe. Sie haben schon Einiges mit mir durchgestanden. Sie kommen, oft ungerufen, einfach so. Sie legen sich auf die Zunge wie ein Stück Mango. Deren Geschmack ist mir so vertraut, wie ich ihn genieße. Diese Gebete sind wie Früchte von Bäumen, die vor langer, vor meiner Zeit gepflanzt wurden, Gefäße, in die ich mein Sinnen hineinlegen kann, darin aufgehoben, erneuert, begrenzt und offen zugleich. Was ein Segen, der mit jedem Beten wächst, mit jeder Stille mehr Raum gibt, mit jedem Sprechen Form. Da lohnt es sich zu wählen, zu wiederholen, zu erinnern, die Übungspausen nicht zu lang werden zu lassen: *Denn du bist bei mir.*

Dass ein uralter Psalmvers wie eben ersonnen das Herz anrühren kann und ein Lied aus einer vergangenen Zeit die Gegenwart so leicht und hell machen kann! Dass ich mich anrühren lasse von dem, was dich bewegt. Dass du dich für mich interessierst.

rücklings

auf der erde liegend
im mittagslicht himmelwärts

von den großen zehen
bis zur nasenspitze bereit

halten arme und hände
den himmel ausgebreitet

kein auge muss sehen

umgeben von
brombeergestrüpp

darauf warten
still warten darauf

Wahlheimat und Weggemeinschaft

Wer ist meine Mutter
und wer sind meine Brüder? Matthäus 12,48b

Der Evangelist Matthäus überliefert, wie auch Markus und Lukas, eine kleine Begebenheit, gerade mal fünf Verse lang, in der berichtet wird, wie seine Mutter und seine Brüder Jesus sprechen wollen, aus welchen Gründen auch immer. Jesus weist sie zurück „Wer ist meine Mutter und wer sind meine Brüder? … Wer den Willen tut meines Vaters im Himmel, der ist mir Bruder und Schwester und Mutter." – Was kann ich aus einer solchen Episode lernen? Biblische Geschichten sind ja nicht schon allein deshalb Lerngegenstände, weil sie in der Bibel stehen, sondern sie sind es in dem Maß, in dem ich in der Auseinandersetzung mit ihnen leben lerne, und das heißt für mich: glauben, hoffen, lieben lerne, lerne, dieses Leben zu deuten, ein Anliegen mit ihm zu verbinden und zu formulieren, mir selbst, den Menschen, dem Grund allen Lebens zugewandt zu sein.

Die Szene, die der Evangelist beschreibt, ist eindeutig: Jesus hält eine Rede, eine von vielen Reden – das gehört zu seinem Beruf, seiner Berufung. Mutter und Brüder, vielleicht auch Mutter und Geschwister wollen ihn sprechen: Von Joseph, dem Vater in dieser Familienkonstellation, ist merkwürdigerweise nicht die Rede – ich würde nicht von selbst daraus schließen, dass es zur vornehmsten Beschäftigung von Vätern gehört, abwesend zu sein, gar in den entscheidenden Augenblicken!

Jesus ist drinnen, Mutter und Geschwister sind draußen. Ein Türsteher vermittelt: „Siehe", sagt er, „deine Mutter und deine Brüder stehen draußen und wollen mit dir reden". Jesus lässt sie abblitzen. Er sagt: „Wer ist meine Mutter und wer sind meine Brüder?"

Höre ich das als Mutter oder als Vater oder als betroffener Bruder, so sage ich: ziemlich respektlos. Mehr noch:

Ich halte die Luft an ob solch einer Bodenlosigkeit! Höre ich das als junger Mensch, lockt das vielleicht Bewunderung, auch Neid hervor: Ah, der kriegt das hin, seiner Familie sehr deutlich hinzulegen, dass es ein Leben jenseits der Familie gibt, ein ziemlich spannendes sogar!

Zur Lebensgeschichte eines jeden, einer jeden gehört das, so oder so ähnlich. Der Satz mag ein anderer gewesen sein, vielleicht war es auch eine Geste oder eine Tür, die eine oder einer gut hörbar ins Schloss fallen ließ, vielleicht auch mehrfach, bis alle kapiert haben: Ich bin ich und nicht nur ein Teil von euch. Es ist mein Weg und nicht eurer, den ich gehe. Ich nehme euch nicht mit in meine neue Welt. Ihr habt keinen Zutritt. – Die Arten, wie Menschen erwachsen werden, sich aus der Rolle des Kindes lösen, Freiräume erschnuppern und Verantwortung wahrzunehmen lernen, sind unterschiedlich. Aber sie fehlen in keinem Leben, das gelingen will.

Ich meine nicht, dass diese kleine von Matthäus erzählte Begebenheit aus dem Leben Jesu die Familie Jesu oder das, was Familien leisten, desavouiert oder geringschätzt. Und wer selbst erfahren hat, wie Eltern- und Geschwisterbeziehungen auch im Erwachsenenalter oder dann wieder tragfähig sein können und hilfreich, wird Abwertung auch nicht hören.

Was ich in dieser Geschichte höre: Es ist notwendig, dass Menschen irgendwann damit beginnen, aus der Rolle des Kindes zu fallen. Dass sie im Lauf ihres Lebens ein Maß an Unabhängigkeit gewinnen, das sie befähigt, auf andere zuzugehen. Ich richte mich auf zu eigenen Entscheidungen. Prägungen aus den Herkunftsfamilien sind wichtig, aber wichtiger noch ist, wie ich sie lebe, was ich aus ihnen mache. Erwachsensein heißt, den Schmerz zu leben, aus der Rolle des Kindes gefallen zu sein, und die Freude darüber, was es in einem Erwachsenenleben zu entdecken und zu gestalten gibt. Was ich in dieser Geschichte höre: Dass Gott nicht den „verewigten Gehorsam aus Kleinkindertagen" meint, sondern den aufrechten Gang und das Gegenüber.

Ein Zweites kommt dazu: Das Christentum in seinen besten Traditionen macht die Familie nicht zur Religion. Jesus nimmt einen Auftrag an und wahr, der in den Augen seiner Familie nicht verstanden werden muss, der Kopfschütteln und Ablehnung hervorruft, der weit über die Grenzen dieser Familie hinausgeht. Kirche bildet sich nicht durch Blutsverwandtschaft, auch nicht durch sonstige Verwandtschaft, auch nicht einfach durch Sympathie. Christentum und Kirche sind Wahlheimat, Wahlheimat und Weggemeinschaft. Niemand, der als Kind getauft wurde, kommt umhin, dies für sich zu entdecken. Und es sind im Lauf des Erwachsenwerdens die unterschiedlichsten Menschen, die dabei begleiten können. Die Mütter und Väter tragen dann nicht einfach Namen wie – in meinem Fall – Maria-Anna und Kwadwo Asante Theodor, sondern auch Namen wie Franz und Clara, wie die von Assisi zum Beispiel. Die Geschwister tragen dann Namen wie jede und jeder von uns, manche sprechen sich mit ausländischem Akzent oder wollen auszusprechen regelrecht geübt werden. Oft lernen wir mit letzteren zusammen am nachhaltigsten, was Leben heißt – glauben, hoffen, lieben und Wünsche haben für das Leben. Weil mit ihnen unser Leben und unser Wünschen weit werden.

bußgebet am samstagabend

lasst uns still werden
für eine weile

und uns darauf besinnen
was uns in der vergangenen woche
geschenkt wurde

was gelungen ist
und was nicht

was ich vermisst habe
was mir gefehlt hat

wo ich gefehlt habe
und was ich bewirken konnte

eine Stille

was schön war mein gott
und gut das segne

was unrecht war das umhülle
mit deinem erbarmen

was wir zum leben brauchen
das gib in deiner gnade

Mosheshoe

Ich weiß nicht, wer den entscheidenden Impuls gegeben hat, dass es zu dieser Entwicklung kam. Wahrscheinlich haben Missionare dazu beigetragen. Ich weiß aber nicht, wo sie herkamen, wer sie entsandt hat, noch nicht einmal, ob sie sich wirklich von sich aus auf den Weg gemacht haben oder ob nicht der König von Lesotho selbst eine Delegation zu ihnen geschickt hat, um sie zu befragen, sie um Auskunft zu bitten. Das gibt es ja, dass Gemeinschaften sich an einem Wendepunkt erleben und sich fragen, wie es mit ihnen weitergehen soll. Sie brauchen Beratung, erst recht wenn es um eine so existentielle Angelegenheit wie Religion geht, benötigt wird guter Rat – aus dem eigenen Kreis und von außen. Zuallererst geht es um Aufklärung: Welches ist die Religion, die ihr bringt? Was verheißt sie? Ist es eine gute Religion? Welche Vorteile wird sie uns bringen? Ist es eine Religion, die uns hilft, gut und besser zu leben als bisher?

Was die näheren Umstände der Entscheidungsfindung in dieser besonderen Situation waren, ist für die Begebenheit, von der ich erzähle, eher unerheblich. Es ging, das ist wichtig zu wissen, um Fragen der Zukunft des Königreichs, um Fragen von Religion und Alltag. Das, wovon ich berichte, hat sich, wie ich aus zuverlässiger Quelle weiß, in Lesotho zugetragen, im südlichen Afrika, und zwar in der zweiten Hälfte des 19. Jahrhunderts. Die Erinnerung daran ist bis heute lebendig. Es hat das Leben dieser Gemeinschaft von Grund auf verändert. Religion ist in diesem Teil der Welt, auch das muss man wissen, nicht zuerst eine private, sondern eine öffentliche Angelegenheit, mehr noch, eine Angelegenheit der Gemeinschaft. Religion und innere Ordnung, Religion und Bräuche, Religion und Kultur – da geht eins in das andere, ist eins nicht ohne das andere zu haben, zu leben.

Vom Volk in Lesotho nun wird Folgendes berichtet. Innerhalb einer Generation war es von einem Kult, der

„ancestor dominated" war, in dem die Verehrung der Ahnen im Mittelpunkt stand, zur Anbetung eines „God in Heaven", zur Verehrung eines Gottes im Himmel gelangt. Das ist ein ziemliches Stück Weg, mit verlockenden Aussichten. Der Weg ist aber nicht ohne Beschwernis zu gehen. Da sind manche, die sind gleich dabei. Andere sind eher zögerlich. Wieder andere gehen ein Stück mit, aber dann auch wieder eine Strecke zurück. Warum sollte eine religiöse Übung, die der Familie, der Gemeinschaft über Jahrhunderte Geborgenheit und Wegweisung gab, nicht weiterhin dem Alltag Struktur und Ausrichtung geben? Nun, am Ende der Beratungen ist es aber so, dass die meisten einschwingen und einstimmen können in die Anbetung, in das Lob dieses einen Gottes im Himmel – jedenfalls tut es die Gemeinschaft als ganze.

Eine Generation später, auch das braucht seine Zeit, wird der König sein Volk zum Christentum führen. Mosheshoe heißt der König. Der Name ist lediglich für Europäer und Europäerinnen nicht so leicht auszusprechen. Mosheshoe hatte eine lange Regierungszeit. In sie fällt die Entscheidung für das Christentum als der Religion der Gemeinschaft, der Religion für das ganze Volk – im Sinne des Königs ein folgerichtiger Schritt. Man darf sich das nicht so vorstellen, dass dies das Ergebnis eines einsamen Nachdenkens des Königs war. Dem Beschluss gingen Beratungen mit den Ältesten voraus, lange Beratungen. Schließlich haben sie zu eben diesem Ergebnis geführt. Wieder braucht es Zeit, um die tiefgreifenden Veränderungen, die das mit sich bringt, im Leben der Gemeinschaft zu verankern. Und sicher gab es welche, die wollten und konnten den Schritt innerlich und äußerlich ihr Leben lang nicht mitgehen. Wie das ein weiser König macht: Er ließ sie gewähren. Doch er selbst und das Volk insgesamt gingen diesen Schritt.

Man täte Mosheshoe Unrecht, würde man ihm unterstellen, er habe die Konversion seines Volkes allein aus politischem Kalkül oder wegen zu erwartender ökonomischer Vorteile vorangebracht. Letztere gab es hoffentlich auch. Von Mosheshoe wird vielmehr erzählt, dass er es aus Überzeugung tat. Er selbst war schon vorher ein Befürworter der christlichen Religion und praktizierender Christ. Das hatte ihn mehr als einmal in Konflikt mit dem religiösen Teil seiner Aufgaben als König gebracht. Allerdings, so wird ebenfalls erzählt, ließ er sich sein ganzes Leben lang nicht taufen. Selbst auf dem Sterbebett, wie es etwa von Konstantin dem Großen berichtet wird, tat er es nicht. Er hat sich nie taufen lassen, obwohl alle erwarteten, dass es am kommenden Tag, spätestens in den nächsten acht Tagen passieren würde. In der folgenden Woche würde er sich gewiss taufen lassen, sagte man. Was jedoch niemand sagen konnte, niemand wusste: Nach welchem Ritus würde er sich taufen lassen? Nach protestantischem oder römisch-katholischem Ritus?

Wohl nicht zu Unrecht munkelt man, dass es aus eben diesem Grund nie zur Taufe kam: Mosheshoe wusste selbst nicht, nach welchem Ritus er sich taufen lassen solle. Manche sagen, es sei seine ganz persönliche Art gewesen, auf den Skandal der Trennung der Kirchen hinzuweisen, sozusagen mit Leib und Leben. Andere meinen, er habe sich für die Einheit der Kirche stark gemacht, indem er sich weder für den einen noch den andern Ritus entschied. Ich halte das letztere für sehr wahrscheinlich. Muss man bei einem Menschen seiner Persönlichkeit, seines Gemeinschafts- und Verantwortungssinns, seiner Führungsqualität nicht damit rechnen, dass er zu solch einem Mittel greift? Christ sein und zugleich das Sakrament der Taufe aus Gründen christlicher Überzeugung verweigern. Was sollen wir halten von solch religiöser Abstinenz, von solch religiösem Verzicht? Oder sollen wir doch von religiösem Ungehorsam sprechen?

palmkronen

wenn sie sich
nicht wegduckten
in nächtlichen
gewitterböen

nicht wiegen
ausschwingen
nachgeben könnten

wenn die palmkronen
nicht könnten
oder nicht wollten

weil es ihr recht ist
unverrückt zu sein

weil es ihre pflicht ist
standzuhalten

weil sie darauf bestehen
ihr eigenes zu machen

der stamm
müsste ungekrönt
sein leben fristen

wer wollte das schon

Tonfolgen des Trostes

Sooft nun der böse Geist von Gott über Saul kam, nahm David die Harfe und spielte darauf mit seiner Hand. So wurde es Saul leichter und es ward besser mit ihm und der böse Geist wich von ihm.

1. Samuel 16,23

Über dem Klavier zu Hause hängt ein Farbholzschnitt, so groß, dass er einen guten Teil der Wand darüber einnimmt. Er ist nicht zu übersehen. Viele Jahre hing er über meinem Schreibtisch. Vor langer Zeit habe ich ihn geschenkt bekommen. Er ist nicht zu penibel gearbeitet, holzschnittartig eben, fast möchte man sagen, ein bisschen sorglos, aber doch so genau, dass man erkennen kann, worum es geht. Der Holzschnitt zeigt eine Szene, die vor bald dreitausend Jahren spielt und sich eine Zeitlang bald täglich wiederholte. Sie zeigt zwei Menschen am gerade entstehenden Königshof in Israel. David und Saul sind zu sehen: David, der Hirtenjunge, der an den Königshof geholt worden war, wie er für Saul spielt, musiziert, im rechten Bilddrittel Saul mit seiner Königskrone. Er sitzt, seiner Stellung entsprechend, auf einem Thron. Seine Haltung ist vornüber gebeugt, der Brustkorb eingefallen, versunken sitzt er da. Das Gewand ist blau, von einem tiefen Blau, es hüllt ihn fast ganz ein. Mit der linken Hand bedeckt er das Gesicht, die rechte fällt schlaff nach unten. Sein Kopf ist nur durch die Krone sichtbar. Nichts ist von ihm zu sehen als die Insignien der Macht um diese machtlos versunkene Gestalt. Das linke Bilddrittel ist von David eingenommen. Er sitzt auf einem Schemel, das Gesicht Saul zugewandt, lange, schwarze Haare. Zwischen beiden, zwischen David und Saul, groß und ansehnlich: die Harfe. Davids Körper, federnd und leicht angespannt, wie Körper immer sind, wenn es um etwas geht. Es entsteht der Eindruck, als halte er das Instrument mit seinem Leib, seine Hände berühren die Saiten. In und durch die Saiten der Harfe bricht sich das Gold des Himmels Bahn. Das von David zum Leben erweckte Instrument, die Töne, die entstehen, sind es, die beide verbinden, den zur Linken und den zur Rechten – wenn es denn eine Verbindung gibt. In den Tönen und Tonfolgen nimmt Gottes guter Geist Kontakt auf, breitet sich Gottes guter Geist aus, vertreibt, wie es in der Erzählung heißt, den bösen Geist von Gott. Auffallend, wie sowohl der gute als auch der böse Geist mit Gott in Verbindung gebracht wird, wie das Göttliche ambivalent bleibt wie das Leben selbst, in dieser Geschichte, Gott doppelgesichtig, als wären die beiden Seiten des Bildes Seiten seiner selbst, der Weisen, Gott zu begegnen – und in der Mitte, in Gestalt der Harfe: Anklänge von Ermutigung, beide Seiten Gottes, beide Seiten des Lebens auszuhalten. Darin entstehen die Tonfolgen des Trostes und der Zuversicht.

Die Spannung zwischen dem in seiner Hand verborgenen Gesicht Sauls und dem Gesicht, das die Hand davor nicht mehr braucht, nicht mehr des Schutzes bedürftig ist, diese Spannung bleibt, löst sich so schnell nicht auf; zumindest im Bild bleibt das Gesicht hinter der Hand verborgen. Wir wissen nicht, wie oft David für Saul spielen musste. Es braucht das Harfenspiel und die Zeit damit, bis der Blick sich nicht mehr nur nach innen kehrt, sondern sich nach außen richtet, aufgerichtet durch die Tonfolgen des Trostes. Wann immer David spielt, wird es Saul leichter, geht es ihm besser, nicht einfach gut, aber besser.

Solche Geschichten werden immer wieder erzählt, wie einer den andern, die andere tröstet, indem er für den, für die andere spielt, musiziert, singt – und es wird besser mit ihm, besser mit ihr. In die Tonfolgen verwoben ist häufig eine Anstiftung zum Dank. Dankbarkeit als Ausdruck dafür, etwas Schweres hinter sich gelassen zu haben, etwas erreicht zu haben, eine Hilfe angenommen zu haben, Sorgen fortgeschickt zu haben. Die Danklieder, die dann gesungen werden, klingen ungefähr so wie bei Jesaja: *Siehe, um Trost war mir sehr bange. Du aber [Gott] hast dich meiner Seele herzlich angenommen.* In einer anderen Übersetzung heißt es: *Zum Heil ward mir das Leid – Du hieltest zurück meine Seele von der Grube des Verderbens.* Zum Heil wird mir das Leid, als sei der Weg durch das Leid ein heilsamer Weg, ein Weg zum Heil – nicht immer. Wie viele zerbrechen auf dem Weg des Leids. Doch wie viele brechen nach kummervoller Nacht am kommenden Tag erneut auf, zeigen Gesicht, getröstet, wie verwandelt.

Wann immer Gott verehrt wird, wann immer vom Himmel erzählt wird, wann immer es himmlisch wird auf Erden: Nichts geschieht und nichts setzt sich in Bewegung ohne das Lied, den Gesang, das Saitenspiel, die Musik. Kein Engel setzt sein Bein auf die Erde ohne Musik und ohne sie wäre der Himmel leer. Keine Krippendarstellung, keine Gottesgeburt ohne musizierende Engel. Wie die Schöpfung gehört die Musik zu den Gnadengaben Gottes – Musiker und Musikerinnen überbringen gewissermaßen mit hoher Kunst und Kunstfertigkeit das Geschenk.

Kein Wunder auch erscheint Christus in frühen Darstellungen wie Orpheus, bezeichnen Kirchenväter wie Augustin Orpheus als einen Vorausläufer, eine Präfiguration des Christus – Orpheus, jener berühmteste Sänger der griechischen Mythologie, von dem man sagt, sein Lyraspiel sei so kunstvoll und sein Gesang so bezaubernd gewesen, dass wilde Tiere sanft und friedlich wurden, die Bäume sich neigten, selbst die Felsen weinten, von so viel Schönheit überwältigt. Und das tosende, verschlingende Meer kam zur Ruhe. Zur Ruhe kommen, zur Ruhe finden – nicht getrieben sein, sich nicht treiben lassen, nicht gejagt sein und nicht jagen müssen, nicht jeder Suggestion aufsitzen, nicht jedem Gespinst, sich verneigen können vor der Anmut des Lebendigen, nicht an seinen Zweideutigkeiten verzweifeln, Wunder über Wunder, dem Leben mit Dankbarkeit zu begegnen.

Ich vermute, wir werden die Wohltat von Musik umso eher schätzen können, je besser wir uns vor ihrer Allgegenwart zu schützen wissen – vor Musikteppichen, die die Ohren verstopfen oder, indem sie sich aufdrängen, uns an Orte führen, wo wir gar nicht hinwollen. Musik führt uns immer irgendwohin, ganz gleich, ob wir uns das bewusst machen oder nicht. Sie ist ambivalent, mehrdeutig. Deswegen sollten wir nicht zu sorglos wählen und nicht zu sorglos andere wählen lassen.

Welche Musik tut mir wann gut? Ist es die, die mir hilft, ganz außer mich zu geraten, mit diesem Selbstbewusstsein, das sich, ohne lange zu fragen, Raum nimmt, drängend, ekstatisch? Laut mitsingen – darin lägen Glück und Erleichterung, Vergewisserung, dass ich am Leben und in Kontakt bin. Ist es die Musik, die mir hilft, ganz zu mir zu kommen, ganz bei mir zu sein, in der ich mich bergen kann wie in einem Schlaf, der ich meinen Schmerz lassen kann wie einem guten Freund, die mich aufnimmt ohne zu fragen, ohne Rechenschaft zu fordern? Ich kann gegen manche Traurigkeit ansingen, ich kann manche Schwermut wegsingen. Lasst uns den Kummer davonsingen! Manchmal gelingt es, Glück und Segen herbeizusingen.

Offenbar hat David gewusst, wie er seine Harfe spielen muss, damit Saul getröstet werde, sich trösten lasse. Vielleicht hat er ihn gefragt? Oder hat er es erspürt, gewusst? Wer immer einem andern zum Trost singt oder spielt oder etwas vorspielt, der möge, wo immer es geht, sich vergewissern, dass es die Musik ist, die den andern tröstet. Wie tröstlich, dass wir uns in aller Regel darauf verlassen können, die Musik zu wählen, die uns hilft – welch eine Quelle der Kraft.

heiler gott

heiler gott bist du
mein heil nennen dich
die dich suchen

ich suche dich
mein gott

du leitest
auf den wegen

du findest
was verirrt

du richtest auf
was darnieder liegt

du verbindest
was getrennt

du heilst
was geschunden

heiler gott bist du
mein heil nennen dich
die dich suchen

du mein heil

Wege der Versöhnung

Jeden Tag neu bin ich fasziniert von dem Wohlwollen, das mir hier in Ghana entgegengebracht wird. Durchweg begegnen mir in diesem Land die Menschen freundlich. Ich erlebe kaum Belästigung, selbst auf den Straßen Accras nicht, auch nur wenige Menschen, die sich von der Begegnung mit mir einen Profit versprechen. Wenn ich auf der Straße grüße, grüßen die Leute zurück, die älteren oft mit einer kleinen Verbeugung. Ich freue mich an dem Lächeln, wenn sich die Blicke kreuzen. Ich genieße es, wenn die kleinen Kinder Oburoni rufen, die Betonung auf der ersten Silbe. Dann drehe ich mich um, wende mich ihnen zu, wir winken einander mit der rechten Hand.

Seit zweieinhalb Wochen arbeiten wir in dieser Seminargruppe am Akrofi-Christaller-Institut in Akropong zusammen. Wir treffen uns täglich zu den „lectures" und den Kursen, begegnen uns in der Bibliothek, sehen uns zum Essen und zu den Gebetszeiten. Heute sind wir zusammen, um einen Vormittag über „research methods" zu arbeiten. Der Professor, der dafür vom Trinity College in Accra anreist, kommt nicht, aus Gründen, die uns unbekannt sind. Unversehens haben wir Zeit miteinander.

Ein Teilnehmer fragt, ob ich auf meine vielen Fragen schon ein paar Antworten gefunden hätte. Er bezieht sich konkret auf unsere Exkursion gestern zum Centre of Deliverance und auf das Gespräch mit dem Evangelisten dort, einem älteren Herrn, als Fachmann, so sagt man, auch in Übersee gefragt – er hatte im Gespräch mit mir eine Reihe deutscher Städte aufgezählt, in denen er schon zu Vorträgen und zu „Deliverance-Sessions" war. Ich bejahe die Frage und sage, eine für mich ganz wichtige Antwort hätte ich gestern gefunden: Ich sei zur Ansicht gelangt, dass unabhängig von den christlichen Implikationen dieser Arbeit – „in the name of Jesus" – mit Menschen, die in ihrem Leid Heilung durch „Deliverance" suchen, entscheidend das kulturelle Moment sei. Sicher gibt es überall Menschen, die dafür empfänglich sind, einen spirituellen Bedarf fühlen und ihn auch haben, aber in dieser Art, Menschen von alten Fesseln zu lösen, das hat, so denke ich, ganz viel mit dem afrikanischen Kontinent zu tun, mit dem Weltbild der alten Religion, in der der Mensch umgeben ist von Zauberei und dämonischen Kräften, in der Krankheit immer eine spirituelle Ursache hat – und da ist auch nach mehr als 150 Jahren Christentumsgeschichte vieles, was Menschen von diesem Kontext her bindet und vielleicht erneut bindet, weil die etablierten Kirchen nichts haben, womit sie wirklich helfen können. „Deliverance" könnte eine solche Möglichkeit sein, mit der die alte Religion einen Ort im Christentum bekommt.

Und schon sind wir mitten im Gespräch, im Abwägen, im Hin und Her zwischen den Kontinenten. Irgendwann sage ich, ich habe den Anlass nicht mehr präsent, dass ich kein Interesse habe an „one-way"-Kommunikationen, gleich ob von Norden nach Süden oder umgekehrt, sondern dass ich hier bin, weil ich am „exchange", am Austausch interessiert sei. Ohne es zu ahnen habe ich ein „word of deliverance" gesprochen, das lösende Wort. Jetzt sind sie plötzlich da, können sie ausgesprochen werden: all die Erfahrungen, in denen die Afrikanerinnen und Afrikaner nicht das Interesse am Austausch spüren, an der wirklichen Begegnung, sondern das jahrhundertealte Gefälle von Norden nach Süden hautnah erleben, nach wie vor und anhaltend: mit Besuchern und Besucherinnen der ehemaligen Kolonialmächte, Menschen, die Entwicklungsprojekte leiten. Sie sprechen von NGOs, von Wirtschaftsleuten, und sie sagen, auch unter Christinnen und Christen sei diese überhebliche Haltung verbreitet. Die Millionen, die für Gesundheits- und sonstige Projekte ins Land kommen, und neun Zehntel fließen sofort wieder zurück, weil beispielsweise die „Consultings" in Übersee zu Hause sind, die Firmen, die sich das Öl und das Gas teilen, die demütigenden Erfahrungen bei Visumanträgen für ein Land in Europa oder Nordamerika, die Besserwisser, die kommen.

Die Fotografen, die den Menschen die Gesichter rauben, ihre Würde missachten und damit viel Geld verdienen, die Leute von den Universitäten, die ein paar Wochen ins Land kommen und dann als sogenannte Afrika-Experten Fachbücher über sie und den schwarzen Kontinent schreiben. Es sind viele Erfahrungen, auch ganz persönliche Erfahrungen, nicht ernst genommen zu werden, herablassend behandelt, übervorteilt zu werden. „Europe and America are built on the strength and sweat of Africa." Viele der kolonialen Muster, so wird mir deutlich, bestehen fort.

Die alten Verletzungen sind tief im kollektiven Gedächtnis verankert. Sie sind stark, sie sind so stark, dass unschwer neue schlechte Erfahrungen in diese alten Geschichten von Unrecht und Misshandlung hineingeschrieben werden, auch wo sie von außen betrachtet nicht diese Aufmerksamkeit verdienten. Die Schülerin etwa aus USA, die wie eine Tochter ein halbes Jahr in der Familie mitlebt – und im Nachhinein erfährt die Familie, wie sie über sie geklagt, wie sie schlecht über sie geschrieben habe. Die alten Wunden, auch die der Ahnen, sind längst nicht verheilt, sie können leicht erneut aufbrechen. Hinter der Freundlichkeit, wie sie mir in diesem gastfreundlichen Land entgegengebracht wird, gibt es das durch Jahrhunderte gestärkte Misstrauen, nicht in gleicher Weise respektvoll behandelt zu werden.

Die Gegenwart des Leids so vieler Generationen berührt mich sehr. Ich verstehe nun besser, sage ich, dass bei aller Freundlichkeit, die mir entgegengebracht wird, ein weiterführendes Interesse an meiner Arbeit, an meinen Erfahrungen eher zurückhaltend geäußert wird. Lieber langsam, vorsichtig sein, schauen, mit wem wir es mit diesem Mann, der von der nördlichen Hemisphäre zu uns kommt, zu tun haben. Was will er bei uns, kommt er mit lauteren Absichten? „It needs a lot of healing", wir brauchen Wege der Versöhnung. So wie es Christinnen und Christen in Ghana mit ihren Schwestern und Brüdern in Nordamerika versuchen, indem sie sie um Vergebung bitten für das Unrecht, das ihre Vorfahren ihnen angetan haben, indem sie deren Vorfahren den Sklavenhändlern als „Ware" zugeführt haben. Von den um die vierzig Sklavenburgen in Westafrika stehen entlang der ghanaischen Küste ungefähr dreißig!

„It's the me-and-you-relationship", die Wege der Versöhnung ermöglichen, wir sollten nicht zu viel von den großen Institutionen, auch nicht von den Kirchen erwarten, sagt eine Teilnehmerin. Dann lehnt sie sich zurück, atmet tief ein und aus und meint. „Am Ende eines solchen Gesprächs muss ich beten!" Wir werden still, so wie wir dasitzen, woher wir auch kommen: aus Ostafrika, aus Zentralafrika, aus Westafrika, aus Nordamerika, aus Europa. Und nacheinander teilen wir unsere Erfahrungen, unsere Bitten um Vergebung, unsere Hoffnung, unseren Dank für das Evangelium, für die Gemeinschaft, für unsere Wege in der Gegenwart Gottes. Über zwei Wochen hat das Vertrauen wachsen können. Es hat diese Zeit gebraucht, und jetzt ist es da. „Once again we thank you, God."

christmas eve 2010

we came to worship this evening
at the beginning of this holy night

my dear god
our father in heaven

you gave us the divine light
in this lovely little baby in bethlehem

you gave us your light
in so much darkness of our life

now the night becomes light
and we know you are with us –
emmanuel – near us
behind us and the step forward

so we can't get lost we can't fall

my heart is thankful and adores you
lord jesus christ heavenly child

be with those whose night stays dark

be with those who don't
know where to sleep in this night

be with all our families and friends
near or far
and with those whom we are not
cordially in touch with

so that peace may grow
in our hearts and in the whole world

every night and day o god you
may be praised in heaven and on earth

sein

leben

in

die

hand

nehmen

Mich aufmachen

Ein Mensch hatte zwei Söhne. Und der jüngere von ihnen sprach zu dem Vater: Gib mir, Vater, das Erbteil, das mir zusteht. Und er teilte Hab und Gut unter sie. Lukas 15,11f

So beginnt eines der bekanntesten Gleichnisse Jesu. Ein Prinzipalstück christlichen Glaubens, ein kräftiger Wind, der mit diesem Gleichnis in die Herzen weht und sie gleichsam lüftet. Ich denke, es gibt kaum jemanden, den dieses Gleichnis Jesu nicht anrühren würde, auch beim wiederholten und nochmaligen Hören, niemanden, den es nicht bewegen würde. Was ist es denn, was das Herz öffnet?
• Ist es der Wunsch mitzugehen mit dem jüngeren Sohn: aufbrechen, losgehen, alles hinter sich lassen, den Familienclan, das behütete Leben ebenso wie die zum Ritual gewordenen Sticheleien und Auseinandersetzungen, das Wohlgeordnete, das lange Zeit getragen und Halt gegeben hat und plötzlich nicht mehr trägt, und dann ist kein Halten mehr – welch ein Erschrecken und welch ein Aufatmen?
• Ist es die Bewunderung für die Sympathie, für das Mitleiden, für das Erbarmen des Vaters, der so liebevoll den Jüngeren in die Arme nimmt und den Älteren seiner Liebe versichert, mit mäßigem Erfolg, ihn auffordert, fröhlich zu sein und guten Muts – wo doch jemanden zur Fröhlichkeit aufzufordern, der in seinem Zorn steckt, eine ziemlich vergebliche Liebesmüh ist? Oder ist es nicht die Bewunderung für den Vater, sondern die Irritation darüber, wie einer so inkonsequent und ungerecht sein kann?
• Ist es das Mitgefühl mit dem älteren Sohn, der doch offenbar in dieser Geschichte der Loser ist? Hat er nicht recht mit seinem Zorn? Er, der all die Jahre den Betrieb am Laufen gehalten hat, muss nun Geld und Stellung teilen mit einem, der seinen Teil längst bekommen und aufgebraucht hat?

Vielleicht rührt das Gleichnis einfach an, weil es im Großen und Ganzen von den Möglichkeiten des Lebens erzählt, es so oder auch anders zu machen, und das kennen wir ja, das so und das anders – und weil das Gleichnis davon erzählt, dass es in diesem Leben Überraschungen geben kann, inmitten von Aufbrüchen, das Gewohnte verlassend, und Einbrüchen – so nah beieinander das Elend und das Glück – Konsequenzen, Folgen, Entwicklungen, die keiner vermutet und die, so behauptet das Gleichnis, lebendig machen, was tot war, und Leben finden lassen, wo es für immer verloren schien.

Ich habe diese Geschichte oft mit einem moralisierenden Unterton und mit erhobenem Zeigefinger gehört. Pass auf, wie du dein Leben anpackst. Pass auf, mein Lieber, meine Liebe, dass es dir nicht so geht, wie diesem jüngeren Sohn, der bei den Schweinen landet – und wir müssen uns klar machen, dass es für die ersten Hörerinnen und Hörer dieses Gleichnisses Schlimmeres kaum gab, als in Unrat und Unreinheit zu versinken. Entferne dich nicht zu weit, es könnte dir drohen, die Krise, in die du gerätst, nicht zu überleben, hungers zu sterben. Letzteres scheint immer noch weit weg, in anderen Kontinenten, und ist in diesen Zeiten doch näher gerückt, arg nah.

Entferne dich nicht zu weit, du könntest untergehen. Das ist die Version, die den jüngeren Sohn mit Hänschen klein verwechselt. Sie kennen das Kinderlied? *Hänschen klein, ging allein / in die weite Welt hinein. / Stock und Hut stehn ihm gut, / ist gar wohlgemut. / Aber Mama weinet sehr, / hat ja nun kein Hänschen mehr! / Da besinnt sich das Kind, / kehrt nach Haus geschwind. // Lieb Mama, ich bin da / ich, dein Hänschen, hoppsassa! / Glaube mir, ich bleib hier / geh nicht mehr fort von dir! / Da freut sich die Mutter sehr / und das Hänschen noch viel mehr / denn es ist, wie ihr wisst / gar so schön bei ihr.*

Nun, dieser jüngere Sohn – Hänschen heißt er gewiss nicht – hat irgendwann aufgehört, das Schöne bei Mutter oder Vater zu suchen, wie das so ist. Ein kleines Schaurig-Schön-Gefühl mag sich für die Söhne unter uns einstellen, weniger für die Töchter vielleicht, wenn es heißt, dass er sein Geld mit käuflichen Frauen durchbrachte – was der sich traut auszuleben! Das macht man doch nicht! Allerdings erzählt das Gleichnis nichts von Prostituierten. Es ist die Lesart des älteren Bruders, die Phantasie des Zuhausegebliebenen, davon, wie das Leben auch sein könnte, wie es spielen könnte fernab von den Tagen, von denen jeder gleich aussieht und sich gleich anfühlt – der ältere Bruder, der dem jüngeren all die Unmoral unterstellt, die zu leben er sich selbst nicht traut. Aber was heißt hier Unmoral: Immerhin hat der jüngere Bruder das, was er von seinem Vater zum Leben bekommen hat, nicht dazu benutzt, es anzuhäufen, zu mehren, in die Scheunen zu sammeln und sich zu sagen: Nun iss und trink! Immerhin hat sich der jüngere Bruder dem Leben ausgesetzt, sich ausgesetzt – so lange und so schonungslos, bis er den Hunger spürte und die Sehnsucht in ihm sich nicht mehr überhören ließ. (Aurelius Augustin hat das, so sagt man, ähnlich gemacht – auch er auf diese Weise ein jüngerer Sohn.) Übrigens: Wie der Jüngere, als er zurückkehrt, sich seinem Vater nähert, sagt er: „Vater, ich habe gesündigt gegen den Himmel und vor dir." Der Vater aber benimmt sich so, als interessierten ihn Sünde und Schuld nicht im Geringsten. Er sieht seinen Sohn – und er jammert ihn. Er läuft ihm entgegen, der schon in die Jahre gekommene ältere Herr, zu dessen Habitus und Würde es eigentlich nicht gehörte, eine schnellere Gangart einzulegen: Er läuft ihm entgegen, fällt ihm um den Hals und küsst ihn, bedeckt ihn über und über mit seinen Küssen. Unschwer, die Tränen auf den Wangen zu spüren, als versammelte sich alles Glück in dieser Umarmung, in diesem Augenblick. So fühlt sich Leben an, wenn wir einander finden. Nicht genug: Der Vater besorgt ihm das Gewand, das nur einem Sohn gebührt, und steckt ihm den Ring an den Finger. Der ist kein Souvenir vom Schmuckladen im Bazar, sondern Zeichen der Inthronisation, Zeichen der Teilhabe, Sohn zu sein, Zeichen der Teilhabe an der Macht – Augenhöhe könnte ich auch sagen.

Es sind sehr ungleiche Brüder, die zwei, mit sehr unterschiedlichen Auffassungen vom Leben, mit sehr verschiedenen Lebensentwürfen. Diese Brüder, sie könnten auch Schwestern sein, zwei ungleiche Schwestern, vielleicht einfach zwei ungleiche Geschwister. So gegensätzlich, dass es fast Wunder nimmt, dass sie in derselben Geschichte Platz haben. Aber so ist das Leben: Gegensätze sind oft nah beieinander, manchmal weiß ich nicht, wo ich eher und wer ich bin: Bin ich eher der eine? Bin ich eher der andere? Bin ich eher der, der aufbricht und vom Leben nochmals was anderes erwartet als was war? Fasziniert mich das Leben außerhalb des Gewohnten oder ängstigt es mich? Bin ich eher der, der im Gewohnten bleibt – nicht unbedingt mit überschwänglicher Freude, aber doch mangels eines Impulses, der mich anderswo hinführte? Bin ich eher streng mit mir selbst als großzügig? Eher bei der Pflicht als bei meiner Neugierde, neuen Wegen zu folgen?

Strenge und Disziplin sind ja auch Geländer: Wer seine Arbeit hat, kennt die Dankbarkeit, dass zum einen, ganz materiell, die Existenzgrundlagen da sind, dass zum andern aber auch das Wissen, was ich jeden Tag zu tun habe, zu wissen, dass ich eine Aufgabe habe: Ich werde gebraucht. Das hilft auch in dunklen Zeiten, aufrecht zu bleiben und mich nicht erdrücken zu lassen. Und doch ist da die Beunruhigung, über all der Pflicht und Sorgfalt zu kurz gekommen zu sein – das Leben nicht wirklich erkannt zu haben, geschweige denn es genossen zu haben. Die, die Zeit und Muße haben, sind die anderen. Die, die über die Stränge schlagen können, sind die andern. Die, die sich einen schönen Lenz machen, sind die anderen. Da können sich schon abwertende Töne einschleichen im Hindenken zu den anderen. Wer denn von denen, die sich um das Bruttosozialprodukt verdient machen, kann es sich erlauben, am Donnerstagmorgen am Baggersee zu liegen und in die Luft zu gucken? Da kommen leicht Neidgefühle auf, wer will es verübeln – die Angst und die Unsicherheit und der Mangel, den andere haben, ist da nicht sehr präsent.

Die wechselnde Sympathie: Wenn sie mehr beim Jüngeren ist, dann bei dem Wunsch, dass Leben doch etwas anderes in Bewegung bringen möge als das, was schon war. Das Verlangen, dass Leben neu werden wolle – das ist relativ unabhängig vom Lebensalter – und Aufbrüche gewagt werden wollten. Es gibt übrigens eine ältere Version von *Hänschen klein,* die ist näher an unserem Gleichnis. Sie handelt nicht von dem kleinen Kind, sondern von dem jungen Mann: *Hänschen klein geht allein / In die weite Welt hinein. / Stock und Hut / Stehn ihm gut, / ist gar wohlgemut. / Aber Mama weinet sehr, / Hat ja nun kein Hänschen mehr! / „Wünsch dir Glück!" Sagt ihr Blick, / „Kehr' nur bald zurück!" / / Sieben Jahr trüb und klar / Hänschen in der Fremde war. / Da besinnt / Sich das Kind, / Eilt nach Haus geschwind. / Doch nun ist's kein Hänschen mehr. / Nein, ein großer Hans ist er. / Braun gebrannt / Stirn und Hand. / Wird er wohl erkannt?*

Der Ältere erkennt seinen jüngeren Bruder nicht mehr, zumindest nicht auf den ersten Blick, will ihn auch nicht erkennen. Der Vater hingegen erkennt ihn, noch bevor die Augen sein Gesicht sehen können. In der dritten Strophe des Hänschen-Lieds ist es die Schwester, die ihn nicht erkennt, die Mutter aber wohl!

In meiner Lutherbibel ist das Gleichnis überschrieben mit „Vom verlorenen Sohn". Mit dieser Überschrift bin ich wie viele groß geworden. Aber wer will schon verloren sein? Im Wiederlesen überlege ich, welche anderen Titel für die Geschichte in Frage kämen. Beispielsweise: Der Vater und seine Söhne – ein Gleichnis vom Verlieren und Finden. Oder auch: Vom Suchen und Finden. Häufig wird der Vater in den Mittelpunkt gestellt. Dann könnte der Titel heißen: Das Gleichnis vom Erbarmen. Das gefällt mir recht gut, weil es ausdrückt, wie bedürftig wir sind, wie alle Autonomie, aller Eigenstand, alles Sich-Bewähren in diesem Leben Geschenk bleibt, Himmelsgeschenk ist.

Daneben gibt es einen Satz, der im Immer-wieder-Lesen meine ganze Aufmerksamkeit fordert. Der Satz heißt: „Ich will mich aufmachen". Da hat einer entschieden. Genug mit dem Elend, genug mit der Fremde. Überhaupt: Es ist genug. Es reicht mit dem Leid, mit dem Schmerz. Das nimmt den Menschen vom Sitzen ins Stehen. *Ich will mich aufmachen.* – Es ist nicht das erste Mal, dass dieser Impuls vom Jüngeren Besitz ergreift. Das erste Mal ist, als er sein Vaterhaus, sein Mutterland verlässt. *Ich will mich aufmachen.*

Das andere Mal ist, als er zurückkehrt als ein anderer, der er geworden ist. Wenn wir zurückkehren, kehren wir nie einfach zurück. Wir sind immer verändert, wenn es gut geht, gereifter, oft durch Schmerzen gereifter.

Ich will mich aufmachen. Das entspricht auch dem Vater im Gleichnis: *Ich will mich aufmachen,* und den Sohn ziehen lassen. Ihn nicht festhalten wollen, ihn ziehen lassen. Und ein zweites Mal: *Ich will mich aufmachen* und ihm, wo er doch kommt, entgegengehen.

Und: Es ist auch ein Satz, der zum älteren Sohn gehört: Ich will mich aufmachen und meinem Vater meinen Zorn entgegenschleudern. Auch das ist ein Sich-Aufmachen, mehr noch: ein Sich-Aufbäumen: Ich will, dass du mich wahrnimmst, dass du all das, was ich tue, nicht einfach für selbstverständlich nimmst. Ich will wahrgenommen werden von dir – auch in dem Unspektakulären des Alltags, den ich, doch auch zu Deinem Nutzen, gestalte.

Mein Interesse gilt der Frage, was es den drei Protagonisten in dieser Geschichte ermöglicht, ihr Herz zu öffnen. Was braucht es, dass sich Herzen öffnen?

Wenn ich vom Herzen spreche, dann spreche ich immer vom ganzen Menschen. Fast so als sei ich erst in meinem Herzen ich: ich mit meinen Gedanken, meinen Gefühlen, meinem Empfinden. Mit meinem Wollen, mit meinem Zagen, mit meinen Absichten. Und dem Mut. Dass sich die Herzen öffnen, die Herzen der Brüder, das Herz des Vaters?

Beim jüngeren Sohn liegt das auf der Hand: Sein Herz öffnet sich ein erstes Mal, als ihm sein Verlangen bewusst wird, das, was ihm angestammt und vertraut war, zu verlassen. Und es öffnet sich ein zweites Mal, als er sich seiner Bedürftigkeit bewusst wird: Ich habe Hunger. Ich hab richtig Hunger. Ich brauche was zu essen. Für meinen Bauch. Und dann auch für meine Seele.

Das Herz des Vaters öffnet sich, als er den Wunsch des Sohnes anerkennt – und ihn ziehen lässt. Es ist nichts Ungehöriges am Wunsch, das Erbteil, das ihm zusteht, zu bekommen. Und sein Herz öffnet sich, als er dessen Bedürftigkeit wahrnimmt. So läuft, geht, rennt er ihm mit weit geöffneten Armen entgegen, drückt ihn an sein Herz und liebkost ihn.

Der ältere Sohn – so scheint es – hat kein Herz, schon gar keins, das sich öffnet. Und doch: Er öffnet sich, indem er aus seinem Herzen keine Mördergrube macht. Wahrscheinlich hat er keine andere Wahl. Keine andere Wahl, als diesen Zorn zu artikulieren. Wie anders sollte der Vater mit ihm in Kontakt treten als darin, dass er spürt und hört, wie seinem Sohn zumute ist. Und wie anders sollte der Sohn seinen Mut, seinen Lebensmut wieder finden, als indem er sein Herz öffnet, es ausschüttet und sagt, wie es um ihn steht. Mehr gibt diese Situation nicht her. Aber doch so viel.

Was also braucht es, dass das Herz sich öffnet? Es ist immer, so meine ich, das Ja-Sagen zu meinem Bedürftigsein:
• wahrnehmen dessen, was mir fehlt,
• unterscheiden lernen, was wirklich mein Bedürftigsein ist, von dem, was andere meinen, worin ich bedürftig sei,
• dessen inne werden, was anderen fehlt.

Wahrscheinlich sind es auch die Momente, in denen ich in besonderer Weise spüre, erlebe, verstehe, dass und wie ich in Beziehung, in Verbindung bin. Je vertrauensvoller, angerührter, ergriffener, desto eher ist mein Herz bereit, sich zu öffnen, den alltäglichen Schutzraum zu verlassen, mich vielleicht gar im Schutz des Gottes zu wissen, der dafür steht, dass deine und meine Bedürftigkeit wahrgenommen wird im Himmel und auf Erden.

So lese ich – und dies eine letzte Lesart – dieses Gleichnis Jesu als Geschichte einer Versöhnung, einer Versöhnung aus Gottes Erbarmen heraus. Einer Versöhnung des einen wie des anderen Sohnes – nicht mit dem Vater, auch nicht des Vaters mit den Söhnen. Der Vater muss nicht versöhnt werden, er hat sich längst versöhnt. Es ist die Geschichte der Versöhnung der beiden Söhne. Jedoch genau das wird im Gleichnis nicht erzählt. Der Fortgang bleibt offen, beunruhigend oder hoffnungsvoll. Vielleicht will Versöhnung nicht so sehr erzählt, als vielmehr gelebt werden. Vom jüngeren Sohn wissen wir nicht, ob er nach seinem Bruder Ausschau gehalten hat, ein Auge auf ihn hatte, sein Herz ihm zuwandte. Wir wissen auch nicht, ob er gemischte Gefühle hatte, wenn er an ihn dachte. Wir kennen aber seine Not und seine Entschlusskraft. Wir kennen die Empörung des Älteren. Und die Sanftmut des Vaters. Vielleicht wollen die zusammenkommen – die Not und die Entschlusskraft, die Empörung und die Sanftmut.

neujahrsfragment

ich hatte vergessen
wie weh es tut
von dir getrennt
zu sein

wie gern
ich um dich
für dich
da bin

ich hatte vergessen
wie wohlig mir ist
wenn deine hand
die meine nimmt

wir unter winterweiden
pegelstände besehen
himmelsschlüsselchen
ersinnen

nun hüte ich
den frühling
der kommen will
und uns findet

Pick up your life

Man merkt es immer zuerst an der Kleidung der Frauen und Männer, an der Weise, wie die Kinder am Straßenrand spielen, dann am Zustand der Straße, an der Bauweise der Häuser und Hütten, alles wird niedriger, wenn die Gegend ärmer wird. Vieles bleibt unfertig oder verfällt. Doch es lebt.

Es sind wenige Schritte abwärts von der befestigten Straße an diesem schwülheißen Tag, dem vorletzten Tag des Jahres. Der Weg zwischen den Hütten ist steil und staubig. Eine winzige Moschee zur rechten Hand, sie ist auf den ersten Blick nur an den auf einem Gestell über dem Dach befestigten Lautsprechern als solche zu erkennen. Dann sind wir schon da, klopfen an. Wir warten auf dem kleinen, betonierten Vorplatz bis die Tür aufgeht. Es dauert eine Zeit. Eine junge Frau tritt heraus, begrüßt uns mit einem Lächeln, führt uns die paar Schritte um das Gemäuer herum. Wir treten ein, ein kleiner Vorraum, eben hüftbreit, mit einer Kochstelle und zwei, drei Töpfen. Dann sind wir schon im einzigen Zimmer, fensterlos. Der Eingang ist schmal, eine tief hängende Decke. Zu viert passen wir gerade hinein. Die Augen gewöhnen sich an das Dämmerlicht, eine Energiesparlampe, ein schwaches Licht, wie häufig hier. Immerhin elektrisch. Terrazzoboden, ein Bett, quer durch den Raum über den Köpfen eine Stange, auf der Kleider hängen. In der Ecke ein Schränkchen, ein paar Sachen darauf. Neben dem Eingang zwei Gehstöcke, einer mit rundem und einer mit rechtwinkligem Griff.

Der alte Mann sitzt auf einer Bank, an die Wand gelehnt, und schaut uns entgegen. Ein Greis, grauhaarig, dürr. Er ist der Vater der jungen Frau. Worte zur Begrüßung, Händeschütteln, ein verhuschtes Strahlen auf seinem Gesicht. Er bleibt sitzen. Osofo Alex setzt sich zu ihm, außer ihm würde auf der Bank niemand mehr Platz haben. Der Alte spricht, hört zu, ist wach und aufmerksam da. Seine Frau ist zu Beginn des Jahres gestorben. Sie war Christin und Mitglied der Gemeinde. Er ist Christ seit vergangenem Samstag, seit dem Weihnachtstag. Da hat er sich taufen lassen. Und jetzt sind wir gekommen. Viel Ernst in den Stimmen, ein Lachen zwischendurch. Dann beten wir zusammen. Wir überreichen ein Geschenk der Gemeinde: fünf Kilo Reis, einen Liter Öl, Tomatenkonserven. Mit Salz und etwas rotem Pfeffer gewürzt, gibt das etliche Mahlzeiten.

Wir verabschieden uns und gehen. Draußen sagt mir der Vorsitzende des Presbyteriums der Gemeinde, Kwasi, ein Apotheker: „Die Menschen schätzen es, wenn wir zu ihnen kommen." Wahrgenommen werden, angesehen. Oben am Straßenrand wartet der PS-starke Toyota, airconditioned. Die Ärmlichkeit unten und die Gediegenheit ein paar Schritte oberhalb gehen Hand in Hand. So scheint es zumindest.

Keine halbe Stunde später in einem Villenviertel. Mannshohe Mauern, Hunde davor. Ein Junge, der die Eisentür öffnet, die Hunde zu sich nimmt. Der Innenhof weitet sich mit Blick auf die Garagen, Benz und Volkswagen. Links der Aufgang zu einer breiten Veranda. Wir klopfen an die Tür. Eine ältere, gut gekleidete Frau, ganz in Schwarz, öffnet. Ihr Mann ist vor zwei Monaten gestorben. Er war Arzt. Später wird sie mir sagen, dass sie eben erst in den Ruhestand getreten ist. Sie war Oberschwester, sie sagt es mehrfach, in einem der Krankenhäuser in Kumasi. Zuvor hat die Familie über zwanzig Jahre in Deutschland gelebt. Das war eine gute Zeit, sie denkt gerne daran zurück. Aber es ist auch gut, nach Hause zu kommen. Sie genießt es, mit mir deutsch zu sprechen.

Die Empfangshalle, in der wir sitzen und wo wir bewirtet werden, umfasst einen Großteil des Erdgeschosses. Polstermöbel, Sitzgelegenheiten für mehr als zwanzig Menschen. Heranwachsende und erwachsene Kinder, die mal kommen und gehen. Eine junge Frau hat ein neugeborenes Kind auf dem Arm, vielleicht ist es in der Heiligen Nacht geboren. Nein, es ist nicht ihr Kind, es ist das Kind der Mutter. Ein angeregtes Gespräch, die Witwe spricht länger, mit Unterbrechungen, schaut zu Boden, blickt auf. Stille zwischendurch, die niemand zerbricht. Die Sprachen sind Twi und Englisch und – mit mir – Deutsch. Osofo Alex bittet mich darum zu beten. Ich spreche auf deutsch. Von der Traurigkeit, dem Schmerz, der Leere. Von der Gemeinschaft. Vom Trösten und Getröstet werden. Auf meinen lieben Gott trau ich in Angst und Not; der kann mich allzeit retten. Die Melodie kommt mir in den Sinn. Auch hier überreichen wir das Care-Paket der Gemeinde. Essen und trinken hält Leib und Seele zusammen.

Wir sind zu fünft unterwegs an diesem Tag. Alex und ▓▓▓▓▓▓▓▓▓▓ der Gemeinde, Kwasi, der Vorsitzende des Presbyteriums, George, der Fahrer, und ich, ein Osofo, ein Pfarrer wie die beiden Kollegen, und ein Oburoni, ein Weißer. Es werden noch mehr Besuche sein an diesem Tag, von einem Ende der Stadt zum andern. Kumasi ist die zweitgrößte Stadt in Ghana, eine Millionenstadt. Täglich kommen Menschen dazu, viele aus dem ärmeren Norden. Die Gemeindeglieder leben irgendwo in der Stadt, Ortsgemeinden gibt es in dem Sinne nicht.

Wenn wir Platz genommen haben, ist immer die Frage: „Warum seid ihr gekommen?" Jedes Mal antwortet ein anderer: „Es geht uns darum, dir zu zeigen, dass du geliebt bist, dass du zur Gemeinde gehörst. Wir wollen dich daran erinnern, dass die Toten nur vorangegangen sind, dass wir alle diesen Weg gehen. Wir wollen für dich beten. Und wir wollen dich ermutigen, ‚to pick up your life'."

Mir gefällt diese Formulierung von Alex, der selbst schon sechzig Jahre alt ist. Das Leben aufheben. Es war heruntergefallen. Aber es ist nicht zerbrochen. Nun will es in die Hand genommen, aufgehoben werden, aufgehoben sein. Mein Leben in die Hand nehmen.

jedoch

es steht nicht immer
zum besten mit mir
doch ich bin
es ist mir nicht immer
nach singen zu mute
doch ich bin
manchen tagen
leuten situationen
gehe ich lieber
aus dem weg
doch ich bin
dann und wann
hängt die decke
zu niedrig für den
aufrechten gang
doch ich bin
mir geschieht unrecht
ja das passiert
doch ich bin
was du gesagt hast
hat mir wehgetan
doch ich bin
ich falle hin
mitunter kann ich
mich nicht ausstehen
jedoch ich bin

Haltet mich nicht auf

Zu den menschlichen Grundbedürfnissen gehört das Bedürfnis nach Wohnung und nach Beheimatung. Jedes neugeborene Kind, jedes neugeborene Enkelkind strebt danach. Die Aufgabe jedes Heranwachsenden, im Erwachsenenalter nicht minder, ist es, Heimat zu finden, ein Zuhause zu schaffen, oft genug erneut und immer wieder.

Heimat, das ist da, wo ich liebevoll aufgenommen werde. Zu Hause bin ich da, wo ich selbstverständlich dazu gehöre, wo Menschen meine Sprache sprechen oder eine, die ich lernen kann, wo ich mich verständlich machen kann und verstanden werde, wo ich geachtet werde und wo, vielleicht zuallererst, die eine oder andere Liebe mich findet. Zu uns gehört, dass wir Heimat nie nur in und um uns haben – und nie nur hinter uns, sondern immer auch vor uns. Manchmal werden wir in unserem Leben richtig ausgetrieben, wo wir uns gerade so gut eingerichtet hatten und es so gut miteinander hatten. Manchmal ist es die Enge, die uns hinaustreibt: lieber nach einem neuen Zuhause suchen als das alte, unwirtlich gewordene länger bewohnen. Wenn ein Leben zu Ende geht, das uns lieb war, werden wir nicht gefragt, ob wir bleiben wollen. Dann müssen wir verlassen, was uns bisher Schutz und Geborgenheit gegeben hat.

Zu uns gehört ebenso, dass am letzten Ende diese Erde nicht Heimat bleiben kann, nirgendwo, und sei der Ort und seien die Menschen noch so liebenswert und erinnerungswürdig. Ich denke, „sein Haus zu bestellen", bereit zu werden dafür, dieses Haus, die Heimat auf dieser Erde zu verlassen, Abschied zu nehmen von ihr, das ist eine der großen Aufgaben, die das Leben an uns stellt. Darüber gekränkt sein dürfen, weil nichts von Dauer ist und vieles so flüchtig. Darüber sich aber auch trösten, vielleicht gar daraus Kraft schöpfen: unsere Endlichkeit als Quelle der Kraft, nicht als deren Versiegen.

Menschen auf diesem Weg zu begleiten heißt: sich trösten lassen und andere aufrichten helfen, pflegen und meine eigene Bedürftigkeit annehmen, schließlich den Sterbenden ihr Sterben lassen, sie ziehen lassen. Vielleicht wird es mir geschenkt, mein eigenes Sterben irgendwann nicht nur als ein Müssen, sondern auch als ein Dürfen zu verstehen. So wie wir uns das Leben mit seiner Freude und seinen überschwänglichen Seiten, seinen exaltierten Momenten gönnen, so könnten wir einander auch das Sterben und den Tod gönnen. Dass wir endlich sind, steht nicht nur unter dem Diktat des Müssens, es ist auch ein Dürfen. Und das heißt: Sterben ist nicht nur Entwurzelung, sondern sich Aufmachen in ein anderes Zuhause, Sterbende ziehen lassen auf dem Weg in eine Heimat, die nicht auf dieser Erde ist.

In einem Gedicht von Heinrich Böll für sein Enkelkind Samay heißt es: *Wir kommen weit her / liebes Kind / und müssen weit gehen …* Unsere Geschichte reicht weit zurück in eine Zeit, längst bevor wir in diese Zeit eintraten; unsere Lebensgeschichte ist älter und länger, als wir sie überblicken. Der Anfang unserer Geschichte ist nicht von dieser Welt und auch ihr Ende nicht. Früheren Generationen war dieses Wissen selbstverständlicher – und wo es ihnen nicht zur Höllenangst geriet, wovon wir hierzulande heute doch eher entfernt sind, machte es Leben gelassener. Ich muss in dieser Spanne bis zu meinem Tod nicht alles zu Wege gebracht haben – was ich in aller Vorläufigkeit zu Wege bringe, das genügt. Der Bogen ist weiter gespannt: Ich muss mein Leben nicht selbst vollenden. Gott wird es vollenden.

Menschen ihr Sterben lassen, gewähren lassen, und hoffen, dass auf unserer eigenen letzten Wegstrecke, die auch ein gut Stück Arbeit sein kann und uns noch einmal mit allem, was wir sind und haben fordert, herausfordert, dass wir da Menschen an der Seite haben, die uns auf diesem Weg unterstützen und nicht aufhalten. *Haltet mich nicht auf, denn Gott hat Gnade zu meiner Reise gegeben.* Zu Recht haben wir in unserer Tradition diesen Satz, vom Knecht Abrahams am Ende der Geschichte über die Brautschau für Isaak gesprochen, spiritualisiert, beziehen wir ihn angesichts unserer Endlichkeit auf die letzten Stunden des

Lebens und den Beginn einer anderen Wirklichkeit. Ähnlich wie diesen anderen Satz aus dem Hebräerbrief, dass *wir hier keine bleibende Stadt haben, sondern die zukünftige suchen.* Ja, das ist so. Welch eine Gnade, wenn diese Erde so viel Heimat für uns bereithält. Und welch eine Gnade, dass sie uns auch lässt.

schattengleich

immer läuft sie mit
schattengleich

weicht keinen schritt
von meiner seite

bleib ich stehen
hält sie inne

wenn ich mich setze
kauert sie sich
zu meinen füßen

stehe ich an
drängelt sie sich vor

bin ich beim reden
plappert sie dazwischen

zuweilen entfällt mir
wie sie sich nennt

flugs buchstabiert sie
sehnsucht
sagt sie dann

betont langgezogen
die erste silbe

immer hat sie
das letzte wort

En passant

Kurz bevor er abfährt, versammeln sich Händler und Händlerinnen um den gut zwanzig Jahre alten Benz. Tro-tro nennen sie in Accra die kleinen und mittelgroßen Busse, ohne die es keinen städtischen und keinen regionalen Verkehr gäbe. Sie sind allesamt betagt, verbergen das auch nicht, doch eine Fahrt mit ihnen kostet wenig, ein Bruchteil von dem, was man für eine vergleichbare Strecke mit den klimatisierten Bussen aus China bezahlen müsste.

New Tema Station heißt der quirlige Kleinbusbahnhof, von dem aus das Tro-tro startet. Er liegt recht zentral, ganz in der Nähe des Makola Market und des Old Parliament House, dem Kwame Nkrumah Memorial Park mit dem Mausoleum für den ersten Präsidenten der Republik fast gegenüber, dessen Statue an der Stelle steht, an der er 1957 die Republik ausgerufen hat. Hier ungefähr beginnt auch die High-Street, eine breite, baumlose Repräsentations- und Bankenmeile. Wenig später, in James Town, auf der Höhe des alten Leuchtturms, an dem die Straße eine leichte Biegung macht, gleich hinter den Fischern, in unmittelbarer Nachbarschaft zum Strand, da wo die Müllberge qualmen und stinken – spätestens da wohnt die Armut. Arm und Reich sind auch in anderen Gegenden gleichermaßen nah beieinander und weit entfernt von einander. Hier ist es besonders augenfällig.

Das Tro-tro ist eines der größeren. Vorne der Fahrersitz und zwei Sitze daneben, dahinter fünf Reihen mit je vier Plätzen, in vier der Reihen ist jeweils der äußere Sitz ein Klappsitz. Bei dieser Fahrt am Samstagnachmittag sind insgesamt zweiundzwanzig erwachsene Fahrgäste im Kleinbus, Frauen und Männer, zwei Kinder und ein Säugling. Beim Einsteigen bindet ihn die Mutter vom Rücken, dann stillt sie ihn. *Selig lächelnd wie ein satter Säugling* – wenn irgendwo dieses Bild von Christian Morgenstern stimmt, dann hier inmitten von Geschäftigkeit und Schweißperlen auf den Gesichtern. Der Ein- und Ausstieg geschieht durch die Schiebetür rechts, da wo die Klappsitze sind. Die Tür wird durch das offene Fenster geöffnet und geschlossen. Hinter der letzten Sitzreihe, unmittelbar vor den beiden Flügeltüren, ist kaum Stauraum. Das Gepäck befindet sich auf dem Dach, wo gerade Matratzen und sonstige sperrige Gegenstände mit einem großen Netz festgezurrt werden. Ziegen sind heute nicht dabei, auch keine Körbe mit Hühnern, wie auch, wenn es stadtauswärts geht. Das Fahrzeug füllt sich an diesem Samstagnachmittag schnell. Für viele, die morgens in die Stadt gekommen sind, ist es Zeit, die Einkäufe nach Hause zu bringen. Sie sind zum Teil recht umfangreich, Tüten und Kisten finden auch im Innern noch Platz. Die Flügeltüren im Heck fallen mit lautem Getöse ins Schloss, zuerst die eine, dann die andere. Die Fahrt von Accra nach Akropong wird knapp zwei Stunden dauern.

In den Minuten vor der Abfahrt machen die Händlerinnen und Händler den stärksten Umsatz, auch wenn er selbst dann noch bescheiden ist. Vielleicht brauchen die Fahrgäste noch etwas unterwegs? Am besten geht Wasser, das in kleinen Plastikbeuteln vom Kopf weg verkauft wird, gefolgt von Süßigkeiten. Die Waren balancieren, auf dem Kopf getragen, auf Augenhöhe direkt vor dem Fenster. Mit leicht gesenktem Blick, aus sicherer Distanz, können die Insassen von ihrer erhöhten Sitzposition das Angebot begutachten. Zitternd und rumpelnd setzt sich das Gefährt in Bewegung.

Kurze Zeit später, an einer der wenigen Ampeln der Stadt, hält das Tro-tro an. Die Ampelschaltung ist auf Rot, der Fahrer nimmt das ernst. Eine längere Rot-Phase. Der Blick aus dem Fenster fällt auf eine Gruppe von drei, vier Bäumen inmitten des Straßengewirrs, zwischen Abgasen und dem allgegenwärtigen Lärm. Der kleine Platz macht einen einladenden Eindruck, mutet an wie vergessenes Land. Ein winziges Stück Park.

Nein, keine erste Wahl zum Schlafen, aber weit und breit offenbar die bessere. Vielleicht schwächen die Blätter den Lärm ein wenig ab? So wie sie das grelle Licht der

Nachmittagssonne mildern? Ist die Luft zum Atmen hier ein wenig kühler oder, kaum zu hoffen, gar ein wenig frischer? Immerhin markieren die Bäume, das mit grauen Platten belegte Wegstück, der mit Steinen eingefasste Erdboden mit ein paar Grashalmen zwischen dem Asphalt einen eigenen Bereich. Kaum jemand käme auf die Idee, ihn „persönlich" zu nennen.

Im Schatten der Bäume liegen zwei Männer. Sie haben sich auf dem Weg ausgestreckt, ziemlich am Rand, sodass sie niemanden beim Vorübergehen behindern. Es sieht aus, als schliefen sie. Zwischen ihren spärlich bekleideten, knochigen Körpern und den Platten haben sie sich ein längliches Stück Pappe gelegt, es reicht vom Kopf bis zu den Knien, Verpackungsmaterial für Importwaren auf dem nahegelegenen Markt, das hier eine neue Verwendung findet.

Gerade kommt ein Mann hinzu. Er schaut sich prüfend um, entscheidet sich für die andere Seite des kurzen Wegstücks. Auch er hat seine Schlafunterlage dabei, die er auf dem Boden ausbreitet. Dabei bückt er sich. Sorgfältig besieht er, korrigiert er ihre Lage. Nun zieht er seine Sandalen aus. Sie haben keine Schnallen, er braucht sie nur von den Füßen zu streifen. Es ist nicht zu erkennen, woher das Tuch in seiner Hand kommt, es ist plötzlich da. Er nimmt es und beginnt, mit großer Sorgfalt und Gründlichkeit seine bloßen Füße abzuwischen. Auf diese Weise reinigt er, auf einem Bein stehend, zuerst den linken, dann den rechten Fuß vom Staub der Straße, vom Schmutz der Wege heute. Er nimmt sich Zeit, vergisst auch den Raum zwischen den Zehen nicht. Dann faltet er das Tuch zusammen, beugt sich zu seinen Sandalen hinunter und stellt sie direkt neben die Pappe. So sind sie dicht bei ihm.

Als er im Begriff ist, sich hinzulegen, schaltet die Ampel auf Grün. In einer Wolke aus Diesel und aufwirbelnder Hitze setzt sich der Verkehr in Bewegung, auch das Trotro mit seinen Fahrgästen auf dem Weg nach Akropong. Durch die weit zurückgeschobenen Fenster strömt Luft herein. Die Stadtgrenze ist bald erreicht.

carpe diem

die zeit
verstreichen
lassen

ihr nachschauen
wie sie geht

ein hauch

der mattigkeit
platz machen

die schwere
genießen

der leere
nicht widerstehen

Fastenzeit und freudenreich

Er ist mir einer der liebsten Sonntage im Kirchenjahr, der Sonntag mit dem lateinischen Namen *Laetare,* zu Deutsch: *Freuet euch!* Zur Halbzeit der Passionszeit klingt die Vorfreude auf Ostern an: Anklang an einen menschenfreundlichen Gott, an Leben, das zu leben sich lohnt. Man sagt, der Sonntag Laetare sei für alle erfunden, denen es schwer fällt, das Fasten durchzuhalten. Damit Leben leichter und eine andere Sicht möglich wird, eine andere Farbe, ein neuer Sinn. So verstehe ich „Sieben-Wochen-ohne" oder das, was immer Sie in der Passionszeit als Ihr Fastenprojekt wählen: Frei werden durch Verzicht – das Wort lässt sich kaum schöner reden – aus freien Stücken, heilsame, bisweilen schmerzhafte Unterbrechung des Gewöhnlichen *und* Freisein in dem, was ich Leib und Seele Gutes tun kann.

Wenn meine Tageszeitung zu Aschermittwoch ihre tägliche Wohlfühlwochen-Seite eröffnet, finde ich das befremdlich. Wie geht das mit der Strenge, die dem Verzicht doch auch zu eigen ist, zusammen? Natürlich scheint in beidem, in Verzicht und Gut-Tun das Anliegen der Fastenzeit auf, gewinnt an Kontur damit, die Freude im Blick zu behalten: Die eigene Körperlichkeit wertschätzen, mit beiden Beinen auf dem Boden, mit der Erde in Kontakt sein, im Einatmen weit werden, im Ausatmen lassen – und mich zugleich dem Himmel entgegenstrecken. Mich immer mal wieder von dieser Erde lösen – mit einem kräftigen Sprung, dem nachgeben, was jedes Kind tut, wenn das Herz leicht wird und voll: in die Luft springen, die Arme auseinander, der Himmel so nah, mittenrein. Und vorher im Hinunterbücken zur Erde, im Beugen der Knie Schwung holen, Spannkraft spüren, für den Augenblick die Schwerkraft überlisten, die Erde hinter mir lassen, die Freude an der Höhe genießen.

Das Christentum hat von Anbeginn an Not und Leid als Teil des Lebens ernst genommen, daraus auch Kraft erlangt – in Leiden und Sterben Jesu. Bisweilen ist mir das schon zu viel an Leid und Tod in unseren Kirchen, ihrer Kunst, ihren Altarbildnissen. Was sich daraus lernen lässt ist, dem Leid standzuhalten, bei den Trauernden zu bleiben, Gott darin anwesend zu wissen, Krisen nicht zu leugnen – nicht die gesellschaftlichen, nicht die privaten, nicht die des Erdklimas. Was sich daran üben lässt: die Sinnesänderung, der Widerstand, der Protest. Wohlfühlen allein macht allzu selbstgenügsam. Eine der Chancen der Passionszeit ist: das Herz öffnen dem Seufzen der vielen, der Erde. Und die Fragen nach dem Warum abgründiger Gewalt und dem Weshalb von Elend aushalten, Fragen, auf die wir, wenn es gut geht, allenfalls vorläufige Antworten finden, oft keine. Aber immer wieder Wege erkunden.

Der Sonntag Laetare weist darauf hin, dass es gerade in schweren Zeiten dem Leben dient, die Perspektive auf Ostern im Blick zu behalten, wach zu bleiben, aufmerksam zu werden für die Freude, sie wenigstens einmal am Tag in meiner Nähe zu spüren. Doch will ich mich nicht überfordern: Es gibt Zeiten, da bleibt sie aus. Dann ist das so. Doch tags darauf kehrt sie vielleicht wieder. Oder am übernächsten Tag. Der Sonntag Laetare ist eines der Erinnerungszeichen, dass Leben vielfarben ist und die Freude wiederkehrt.

frühling

dir die hand hinhalten
guter gott an diesem morgen

wie die katze
die frühlingssonne sucht

krokussen gleich mich
strecken zum licht

dir die hand hinhalten offen
guter gott wie eine schale

dir die hand hinhalten
guter gott als sei dieses leben
unbenutzt und unverletzt

auch heute erster tag
leben neu erfinden

ein ganzes leben
mit allem was wir brauchen

nehmen und geben
einatmen und aus

weit werden und leer
erster tag

Allgegenwärtig der Horizont

„Jardin de la ferme", Bauerngarten nennen sie ihn. Nicht eben klein, grenzt er an einen gepflegten Olivenhain; daneben eines der einstöckigen Landhäuser, wie sie in dieser Gegend seit Jahrhunderten fast unverändert gebaut werden. Im Näherkommen erinnert er an einen Park, bei dem, während man ihn anlegte, der Plan geändert wurde: Man entschied sich gegen Weitläufigkeit und für Übersichtlichkeit, nicht Herrschaftliches, nicht Repräsentation, sondern Erdnähe und Demut sollten in ihm zu finden sein. Vom ursprünglichen Entwurf blieben die hochgewachsenen Aleppokiefern. Dazwischen wiegen sich niedrige Tamarisken, liegen kleine Rasenstücke, eher sind es Wiesen. Sträucher mit wechselnden Düften. Man hat den Eindruck, als habe der Gärtner, der diesen Garten vor Jahren liebevoll angelegt hat, sich irgendwann zurückgezogen, ihn sich selbst überlassen. Nur die regelmäßige Bewässerung ausgewählter Pflanzen behält er sich vor. Die duftenden Sträucher gehören dazu.

Hier im Garten teilen sich Morgen für Morgen Wildtauben mit Lachmöwen Luftraum und Gehörgang, sie tun das jedenfalls im Mai. Weder Tinnitus noch kleinere Vögel haben eine echte Chance, Gehör zu finden. Erst mit aufsteigender Sonne klärt sich die Welt der Stimmen und Gesänge, wird mehr Gerechtigkeit hörbar im Reich der Töne.

Unweit des Gartens führt ein Weg aus dem Dorf hinaus. Über viele Kehren steigt er an. Ein paar Villen, Garagen, geparkte Autos, dann wird der Weg zum Pfad. Die Grenze des bebauten Bereichs ist überschritten. Ein paar Windungen noch, der Pfad führt jetzt die Steilküste entlang, hoch über dem Meer, windreich und schattenarm. Schatten wäre nicht unwillkommen um diese Jahreszeit. Rosmarin und kleinblütiger Ginster, achtfaches Violett zwischen unzähligem Grün am Wegesrand.

Es ist kein Spazierweg. Schmal ist der Pfad, mit wechselnden Aussichten, auf der einen Seite eine Wildnis, auf der anderen schier unbegrenzt. Ihn abwechslungsreich zu nennen wäre unangemessen harmlos – zu nah, lediglich schrittweit die Abgründe, sich darin zu verlieren. Weit unten still tosende, um Klippen funkelnde Wellenkämme, als sei die Schöpfung ein Spiel.

Die Lust an der Anstrengung, an der Körperlichkeit, an der Kraft – wie später an Nacktheit in Meer und Nacht – währt Stunde um Stunde, kein Aufatmen nötig. Allenfalls Durchschnaufen im Hinauf und Hinunter, zwischen erhebenden und erschreckenden Einsichten, wunderlichen und zärtlichen Augenblicken. Innehalten, wieder und wieder. Welch ein Licht!

Ein Gefühl für die Kostbarkeit des Lebens, seine Anmut, seine Verletzlichkeit stellt sich am ehesten im Angesicht des Meeres ein. Schritt für Schritt, die Morgenstunde belebt, drängt, weitet. Der Abend wird das Sonnensinken über dem Wasser inszenieren wie einen Trost. Und doch ist schon dem Morgen über den Klippen, nicht weit vom Garten, eigen, dass er das Ende wie eine Verlockung heraufzeigt. Allgegenwärtig der Horizont.

Die Augen schließen. Es könnte jetzt, so die Stimme, die sich unvermutet Gehör verschafft, schwebend zunächst, einem sanften Rauschen gleich, dann klar und verlockend, sie rührt an – es könnte jetzt auch genug sein und gut so, wie es ist und wie es war.

in jeder pore

dein glück
mein gott
so nah

deine lust
zu leben
tief in mir

ich schenke dir
mein verlangen –
du schenkst dich mir

ich schenke dir
meine unruhe –
du schenkst dich mir

ich schenke dir mein lachen
die freude den schmerz –
du schenkst dich mir

in jeder pore
in meinem herzen
dein glück oh gott
so nah

Seelenwegweiser

Ich mag die Abendstunden, am liebsten die Stunde zwischen Tag und Nacht. Die Geschäfte und die Geschäftigkeit des Tages treten zurück, vielleicht klappern sie noch ein bisschen nach. Die Sonne steht tief, hinter der Brücke, die über den Fluss führt. Das Licht wird sanft.

Ich mag diese Stunde, in der was war, meine Gedanken nicht mehr bestimmt, sie nicht mehr festhält, und das, was kommen mag, noch nicht erschienen ist, sich noch nicht gezeigt hat. Es sind diese Augenblicke, in denen die Freiheit zu wählen so groß scheint wie sonst nie: Das eine tun, das andere lassen? Vielleicht ist es das Abendlicht, das es mir erlaubt, die Wege zu gehen, den Wegen nachzugeben, die meine Seele nehmen will. Sie folgt eigenen Wegweisern, die Seele, sie geht los, als sei sie gelöst, als ginge sie spazieren, sucht sie sich ihren Weg, findet ihn – nimmt mich mit. Sie führt mich an Orte, wo ich lange nicht mehr war oder schon lange mal sein wollte. Wenn ich die Augen schließe und mich ihrer Leitung überlasse, dann bin ich ganz dort. Manchmal begegne ich Menschen, denen ich gar nicht begegnen wollte. Die kann ich schon mal fortschicken. Manchmal begegne ich unversehens jemandem, dem meine Liebe gehörte, dem sie noch immer gehört. Und unvermutet bin ich bei ihm.

Mein Vater ist schon vor langer Zeit gestorben. Wir hatten eine gute Zeit des Abschiednehmens miteinander gehabt, es war nicht viel mehr als eine gute Stunde gewesen, da hatte so etwas wie Versöhnung aufgeleuchtet. Wir waren nicht zerstritten, doch wir waren recht verschieden, hatten unterschiedliche Meinungen über das Leben.

Versöhntes Leben ist so viel einfacher. Dann fällt es leichter zurückzugeben, was ich bekommen habe und was so lange Zeit zu mir gehörte, als sei es für immer. In einem Abendlied heißt es: *Diesen Tag, mein Gott, leg' ich zurück in deine Hände, denn du gabst ihn mir.* Leben will immer auch zurückgegeben werden, irgendwann wird es auch mein Leben sein, das von mir zurückgegeben werden will.

Er wäre jetzt uralt. In den Jahren nach seinem Tod habe ich nächtens immer mal noch mit ihm verhandelt. Das haben wir abgeschlossen. Manchmal fallen mir Sätze von ihm ein. Sie kommen wie aus dem Nichts und sind doch ganz körperlich. Nach so langer Zeit. Dann ist es, als stünde er neben mir. Dann ist die alte Vertrautheit da, als wäre nichts geschehen. Manchmal denke ich, dass wir in all den Jahren, seit er starb, vertrauter geworden seien. Dann reden wir miteinander. Es fühlt sich aufgehoben an mit ihm.

Ich mag die Abendstunden, am liebsten die Dämmerung. Da wird das Licht so sanft. Die Welt verliert ihre Kanten, ihre Erdenschwere, ihr Gestern und Morgen. Und ich mit ihr. Irgendwann gehen die Lichter an. Wie gut, wenn es ganz dunkel geworden ist, dass es hier und dort ein Licht gibt, einen Schein.

am abend

es ist noch mal alles da
was heute war und was nicht

in dieser abendstunde
zur nacht

fröhlichsein und guter dinge
mein mühen eine last

wem ich begegnet bin und wem
ich aus dem weg gegangen bin

was gelang
und was nicht

die wünsche vom morgen
und die von jetzt

es ist noch mal alles da
von heute ewiger gott

    schau doch mal drüber
    und sieh mich an

was bleiben soll
und was ich getrost weglegen kann

    ach lieber Gott
    du bist doch da

in dieser abendstunde
jetzt zur nacht

zugewandt

Staunend gehen

Ruth C. Cohn ist eine meiner Lehrerinnen, die prägendste von allen, der ich, wie viele andere, am meisten verdanke, obwohl ich ihr nie persönlich begegnet bin. Es ging ihr darum, methodisch zu entwickeln, aus einer Haltung der Empathie und des Verstehens heraus, wie es möglich sein kann, in Leben und Arbeiten, in Lernen und Leiten gleichermaßen Intellekt und Emotionalität zu ihrem Recht kommen zu lassen, Geist und Leib, Denken und Fühlen, Handeln und Reflektieren zu berücksichtigen – und sich selbst immer zugleich als Teil eines größeren Ganzen zu verstehen. Sie sagt, eigentlich gehe es lediglich darum, das Liebesgebot, das ‚Liebe deinen Nächsten wie dich selbst', in gangbare Schritte zu übersetzen. So entstand die Themenzentrierte Interaktion, ein Leitungs- und Organisationskonzept, das hilft, menschenfreundlich und entschlossen in Beziehung zu treten, die Aufgaben zu sehen, sie anzugehen, die jeder und jedem von uns vor die Füße gelegt werden, und immer wieder das, was uns gemeinschaftlich, in unterschiedlichen Gruppen, Institutionen und Einrichtungen angeht, aber auch die Aufgaben, die uns als Gesellschaft aufgegeben sind: nach der Verteilung der Güter etwa und der Bewahrung der Schöpfung, wo es eben nur *ein* wichtiger Schritt ist, bewusster einzukaufen, soweit der Geldbeutel dazu reicht – ein Schritt, der aber verloren bleibt, wenn wir uns nicht vernetzen und verbünden.

Ruth Cohns langjährige Weggefährtin und Freundin, die sie in den Jahren vor ihrem Tod betreut hat, schreibt: „Ihre letzten Jahre waren geprägt von Dankbarkeit für ihr langes und reiches Leben und den auf allen Gefühlsebenen erlebten und erlittenen Beschwernissen ihres hohen Alters." „Wachsen im Alter ist beides", so hatte sie selbst vor nicht allzu langer Zeit noch formuliert, „das ‚Ich kann es noch' und das ‚Ich kann es nicht mehr' zu akzeptieren." So wie zur Entwicklung eines Kindes gehört: „Ich kann es noch nicht" und „Ich kann es schon". Leben ist besonders schön, wenn uns das auch im Erwachsenenalter widerfährt, dieses „Ich probiere und kann".

1912 als deutsche Jüdin in Berlin geboren, flieht sie, mit ganzem Namen Ruth Charlotte Cohn, 1933 vor dem beginnenden Nazi-Terror in die Schweiz. Sie habe Glück gehabt, sagt sie später: „Das Grauen der Zeit erlebte ich sehr tief; dass ich in Zürich leben konnte, erschien mir als ein seltsam schicksalhaftes Geschenk. Es blieb mein Leben lang für mich eine entscheidende Aufforderung, etwas mit dieser Gabe anzufangen, was einem Dank entspräche." 1942 flieht sie weiter in die USA, beendet dort ihre Ausbildung, arbeitet als Psychoanalytikerin. Ende der 60er-Jahre ist sie erstmals wieder in Deutschland. Sie spricht wieder die Sprache ihrer Herkunft, in der sie ihre erste Lyrik verfasst hatte. Anfang der 70er-Jahre übersiedelt sie in die Schweiz, später dann nach Düsseldorf, wo sie auch beerdigt ist. Eine der großen Frauengestalten des 20. Jahrhunderts, eine Menschenfreundin, die aus der jüdischen Überlieferung lebte, ohne Berührungsängste zum Christentum und zu anderen Religionen, als Jüdin Teil unserer Kultur, Pragmatikerin, fähig zur Versöhnung, Visionärin, tief religiös, nicht ohne Schrullen, sagen die, die sie kannten, eine Suchende bis zuletzt. Ein Gebet von ihr bewegt mich im Sprechen, im Beten, im Meditieren immer von neuem:

Du, Grund im Unergründlichen
Du, bildlos –
transparent in jedem Atemzug
und Liebesstrahl –
Ich weiß Dich durch mein Staunen
und mein Danken
für das Geschenk zu sein.
ZU SEIN.
Und wenn ich zu Dir bete
bin ich ein Baum
der staunend gehen kann,
weil seine Wurzeln, erdgebunden,
lächeln.

Du, Grund im Unergründlichen / Du, bildlos – / transparent in jedem Atemzug / und Liebesstrahl – Es ist das erste Gebot, das uns hier begegnet, welches wir wie all die andern neun Gebote und viele andere Ermutigungen zum Leben Israel verdanken – am Berg Sinai offenbart, eine Kulturleistung, mit der uns, was uns lieb und wert ist, bis heute verbindet. Das erste Gebot: Du sollst dir kein Bildnis machen. – Der Beginn des Gebets, vom Grund im Unergründlichen, *Du, bildlos,* lebt aus dieser Tradition, aus dieser Verwurzelung. Die Jüdin Ruth Cohn ruft es in Erinnerung und stellt es, allen Bildern, die wir uns machen, weil wir nun mal nicht bildlos denken und fühlen können, sie stellt es in ihre Gottesanrede. Sie spricht Gott als den Bildlosen an. Das ist eine heilsame Erinnerung: Die Fülle der Bilder, die Menschen von Gott und dem göttlichen Geheimnis haben, sind ungleich größer als es je eine religiöse Tradition fassen kann. Es ist gut, sich das herzuholen, damit wir auch gut in der je eigenen Tradition uns einwurzeln können – ihre Möglichkeiten schätzen und ihre Grenzen achten.

Welch eine wundersame Möglichkeit etwa, von Christus als dem menschgewordenen Geheimnis Gottes zu sprechen, der Leben bringt und schafft und erneuert und uns zu Söhnen und Töchtern eben dieses Geheimnisses macht, von diesem Christus als dem Auferstandenen zu erzählen, uns selbst beauftragt zu sehen aufzuerstehen! Kurt Marti, der Pfarrer aus Bern, sagt das in seinem Osterlied: *Das könnte den Herren der Welt ja so passen, wenn hier auf der Erde stets alles so bliebe, wenn hier die Herrschaft der Herren, wenn hier die Knechtschaft der Knechte so weiterginge wie immer. / Doch ist der Befreier vom Tod auferstanden, ist schon auferstanden und ruft uns jetzt alle zur Auferstehung auf Erden …* Vielleicht ein wenig kühn, so zu formulieren? Es braucht diese Menschen, und möglichst viele von ihnen, denen die Welt gut ist aber nicht so gut, dass es nicht eine bessere gäbe. Ruth Cohn ist eine von ihnen. Es braucht diese Menschen, auch uns, deren Glaube es ist, dass diese Welt und das Leben auf dieser Erde nicht schlechter, sondern besser werden kann. Und dass jede und jeder von uns das Seine beitragen kann und soll. Und es braucht diese Mischung aus Realitätssinn, den Blick auf das Machbare, die Ausdauer der kleinen Schritte und den Sinn, der das Unmögliche möglich zu machen sucht. Die Illusion nicht scheuen. So scheint in einem Atemzug der Grund des Unergründlichen und die Liebe, sie strahlt und strahlt aus. Die Liebe, sie sättigt, im wahrsten Sinn: macht hungrige Menschen satt und Herzen weit.

Du, Grund im Unergründlichen
Du, bildlos –
transparent in jedem Atemzug
und Liebesstrahl –
Ich weiß Dich durch mein Staunen
und mein Danken
für das Geschenk zu sein.
ZU SEIN.

Das ist Gotteserkenntnis gebetet – Gott betend erkennen. Formuliert ist ein einfacher Aussagesatz: *Ich weiß dich.* Die Begründung der Erkenntnis, des Wissens, liegt im Staunen und im Danken für das Geschenk zu sein, Leben zu sein, Teil und inmitten von Leben zu sein. „Ehrfurcht", so formuliert Ruth Cohn an anderer Stelle, und es klingt ähnlich bei Albert Schweitzer, *Ehrfurcht gebührt allem Lebendigen und seinem Wachstum.* Das Staunen und das Danken darüber sind der Grund Gott zu wissen. Ich staune, ich danke und weiß dich, Gott. Es ist nicht das Denken, es ist auch kein irgendwie geartetes religiöses Gefühl (wiewohl religiöse Gefühle schauerlich und schön und schaurigschön sein können). Es ist nicht das Denken, sondern es ist die Haltung dem Leben gegenüber, mir selbst und anderen gegenüber – die Haltung des Staunens und die des Dankens. Staunen: Das ist der halbgeöffnete Mund, dieser Moment des Erstarrens, nicht wissen, wohin das Gemüt will, was ich denken und sagen soll, vielleicht sogar ein leichtes Kopfschütteln – die Hingabe an das Wunder, dass etwas so ist, wie es ist. Mit großer Verwunderung nehme ich wahr, dass Heute eben nicht die Neuauflage von Gestern ist, sondern ein neuer Tag mit seinen Chancen, seinem Glück, und wenn es sein muss, auch mit seinem Schmerz und dem ungeliebten Leid. Das Staunen ist es, das die Welt verwandelt, das Wunder möglich macht und sie sehen lehrt. Ruth Cohn konnte in einer Gruppe, die sich festgerannt hatte, die in einer schwierigen, nicht zu lösenden Situation war, eine Pause machen und danach mit einem Blumenstrauß zurückkommen, ihn in die Mitte stellen und sagen: „Schaut mal die Blumen, sie werden unseren Blick öffnen." Mich erinnert das an die Bergpredigt Jesu: *Schaut die Lilien auf dem Feld* ... Staunen entsteht ja nicht dadurch, dass Altes neu wird, sondern dann, wenn ich einen neuen Blick auf Altvertrautes gewinne – und führt zu neuen Erkenntnissen. Wie das Danken etwas sehr Entlastendes hat. Nicht dieses „Ich sollte dankbar sein". Sondern das Danken, das aus dem Herzen kommt. Dankgebete gehen zu Herzen: Ich danke, dass ich bin. Ich danke, dass du bist. Ich danke, dass wir zusammen sind – und dass noch etwas kommt. Das ist die Wendung von der Passion zu Ostern: Dass sich zum Guten wenden kann, was darniederliegt. Und wir uns an dem, was sich nicht wenden kann, was wir nicht wenden können, nicht zerreiben. Der vorletzte Satz in Ruth Cohns meistgelesenem Buch lautet: *Und nun möchte ich noch ein Wort des Dankes aussenden zum geheimnisvollen Urgrund und Sinn des Seins und Lebens, von dem wir uns kein Bildnis machen können und doch wissen, dass das Eigentliche, welches jedes menschliche Werk möglich macht, ein Nicht-nur-Machbares, sondern auch ein Geschenk ist.* Wer sich beschenken lässt, wer beschenkt wird, wird schenken, wird selbst zum Geschenk.

Und wenn ich zu Dir bete
bin ich ein Baum
der staunend gehen kann,
weil seine Wurzeln, erdgebunden,
lächeln.

Je stärker wir verwurzelt sind, desto mehr Beweglichkeit können wir uns leisten, ohne die Angst, uns zu verlieren. *Ich bin ein Baum, der staunend gehen kann.* Je mehr wir um unsere Wurzeln wissen, desto mehr Weite gewinnen wir. Je entschiedener wir uns verankern, desto eher können wir anderen Halt geben. Sind wir tief verwurzelt, ist auch in dürren Zeiten Nahrung zu finden. Die Freude darüber kommt aus dem Staunen: Liebe sättigt und macht die Herzen weit. Das Leben blüht und hält Geschenke bereit. Es gibt Bäume, und nicht zu knapp, die staunend gehen können. Je beweglicher wir sind, desto versöhnlicher werden wir, desto versöhnlicher wird das Leben. In Bäumen, die staunend gehen können, berühren sich Himmel und Erde – in dir, in mir, in uns. Das will versucht, das kann erfahren werden.

du

deine liebe
erschafft und erhält
die welt

deine kühnheit
lässt menschen
vielfältig verschieden
sein

deine gottheit
dreifaltig eint
schon immer

du
der schritt voraus
lockt und begeistert
schier all meine sehnsucht
gilt dir

dem wort
das mich rettet
in der nacht zum morgen
der hand
wenn nichts sonst
hält

du
unser funken mut
unser ungehorsam
unsere freiheit

Friedefürst

 Tamale, mitten in der Savanne, die viertgrößte Stadt des Landes, im Norden Ghanas, 380 km von Kumasi entfernt. Das bedeutet sechs bis sieben Stunden Autofahrt. Von Accra aus, der Hauptstadt am Meer, waren es schon gut fünf Stunden bis Kumasi. Tamale, so sagen Ghanaer, sei „different". Will sagen: Das Leben hier ist unwirtlicher, härter. Der Norden ist ärmer als der Süden und bisweilen unruhig. Jetzt, Mitte Dezember, zur Zeit des Hamathan, des heißen Wüstenwindes aus der Sahara, hängt ein feiner Staub in der Luft, lässt sich überall nieder. Immerhin ist die Luftfeuchtigkeit gering.

Die Tagungsstätte, am Rand der Stadt gelegen, ist sehr einfach. Aber die Atmosphäre ist freundlich, die Nächte sind sternenklar, es ist Vollmond. Der Morgen hat, mit fallenden Blättern hier und da, zusammen mit vielen Brauntönen zwischen dem Grün, etwas von Herbst. Tagsüber steigt die Temperatur auf 38 Grad, nachts kühlt es auf gut 20 Grad ab.

Tamale ist der Ort, zu dem wir in den Tagen zwischen dem dritten und vierten Advent für einen mehrtägigen Workshop von Accra aus aufgebrochen waren – wir, eine Gruppe von haupt- und ehrenamtlichen Mitarbeiterinnen und Mitarbeitern der Presbyterianischen Kirche, von den Professionen her bunt gemischt. Das Thema des Workshop mit etwa 35 Mitarbeiterinnen und Mitarbeitern aus Schulen, Presbyterien, mit Katecheten, mit Gemeindepfarrerinnen und Gemeindepfarrern: „Peace Building: Solving conflicts in a nonviolent way". Es geht um theologische und spirituelle Fragen. Es geht um politische Fragen, um Gründe von Konflikten, um „land's ownership", um ethnische, religiöse und politische Identitäten. Und es geht konkret um „steps towards the achievement of durable peace in Northern Ghana" – darum, was einzelne, was Gemeindegruppen, was Kirchen tun können. Darum, wie es zu gemeinsamen christlichen und muslimischen („interfaith") Initiativen gekommen ist und weiter dazu kommen kann. Menschen, die sich religiös motiviert für ein friedvolles Miteinander einsetzen, bringen, das ist die feste Überzeugung, die besten Voraussetzungen zur Friedensarbeit mit. Geistliche müssen sich beteiligen oder gar führende Rollen in Konfliktbearbeitungs- und Konfliktlösungsprozessen einnehmen, wie in jüngerer Zeit etwa im Sudan, in Sierra Leone und Liberia, vor allem auch dann, wenn Christentum und Islam Hauptakteure im Konflikt sind.

Es ist anders, von Mannheim aus solche Fragen zu bedenken – oder es inmitten von engagierten Kirchenleuten zu tun, die existentiell betroffen sind, die auf gemeinsame Erfahrungen in den Auseinandersetzungen und den Bemühungen blicken, gewalthafte Konflikte präventiv anzugehen oder sie zu minimieren. Die Geschichten von unmittelbar Betroffenen machen schaudern. Sie erzählen von kaum vorstellbaren Gewalt- und Greueltaten, von Angst und Todesnähe. Sie erzählen im selben Atemzug, manchmal mit einem Lachen, von Listen und Erfolgen in der Eindämmung von Gewalt, von Hoffnung und Frieden. Immer sind es Geschichten von persönlichem Mut.

„The Prince of Peace", der Friedefürst in der Krippe. Die Friedensvision Jesajas, die Friedensbotschaft des Christfestes von der Menschwerdung Gottes, Gottes Einwohnung in diese Welt, das Kindhafte, das genährt und gepflegt werden will, das bekommt in diesen Tagen für mich Gesicht und einen festen, warmen, einen globalen Klang. Die Hoffnung, die Christinnen und Christen beflügelt, ist nicht kleiner zu haben, als dass sie allen Menschen, aller Kreatur, der ganzen Schöpfung gilt. In Tamale ist Mitteleuropa genauso weit entfernt wie Südafrika und gleich nah.

Dieser Workshop führt mich mitten in die Vielfalt und Unterschiedlichkeit ghanaischer Gegenwart. Am Anfang und am Ende jeder Sitzung, vor einem Vortrag, nach einem Rollenspiel, nach einer Diskussion und manchmal auch zwischendurch: Singen und Beten. Ein oder zwei treten in die Mitte, überwiegend Frauen, bewegen sich, klatschen in die Hände, vorsingend und nachsingend, schon steht und bebt die ganze Gruppe, ein und mehrstimmig, die Älteren bedächtiger, die Jüngeren tanzend, Tische als Trommeln. Die Konferenzsprache ist Englisch, gesungen wird viel in den Sprachen der Regionen. Die den Gesang leiten, sagen den Text vor, übersetzen ins Englische und stimmen an. Innige Gesänge, Gottes Herz rührend die Gebete.

Am Sonntag zum Gottesdienst in der Stadt, einem Gottesdienst mit Trauung. Die Assembly of God ist eine Pfingstkirche irgendwo in einer Seitenstraße. Aus dem Fenster hat man einen guten Blick auf eine nicht weit entfernte Moschee. Die Gemeinde ist seit gut achtzig Jahren in Tamale, die Kirche ist schon der zweite, größere Bau. Die Brautleute gehören zu dieser Gemeinde. Der Prediger ist mit der Braut verwandt, er ist Pfarrer der Presbyterianischen Kirche. Auch hier begleitet das Friedensthema, nun im Blick auf Paarbeziehungen. „Ich will keine Frau im Krankenhaus besuchen müssen, weil sie von ihrem Mann geschlagen wurde", sagt er. Der Glaube wird immer darauf hin befragt, daran gemessen, welche Würde er dem Alltag geben kann. Welche Bedeutung hat, was du glaubst, für dein tägliches Leben?

Die christlichen und die muslimischen Verwandten der Brautleute sind in der Kirche versammelt, gleich in den ersten Stuhlreihen. Das ist Feiertagsdialog, der aus dem Alltag erwächst: Wir leben zusammen, wir essen zusammen, wir händeln und handeln miteinander, mitunter wählen wir dieselbe Partei, wir kommen miteinander aus, wir feiern miteinander – und wir heiraten untereinander. Es gibt viele Wege, uns zu verbinden.

morgensegen über istanbul

gott
ursprung der welt
und ihre vollendung

segne diese stadt
segne die menschen in ihr

segne ihren glauben
ihr hoffen

segne sie mit dem mut
der gutes wirkt

segne sie mit wachsamkeit
allem unrecht gegenüber

segne sie mit schönheit
und geduld im schmerz

gott
anfang allen lebens
auch im tod nicht fern

sei in den häusern und auf den straßen
auf den plätzen in deinen wohnungen
diesseits und jenseits der meerenge

schaffe frieden
über brücken und kontinente

segne auch uns
auf unseren wegen heute

amen

Dein sein

Mein schönste Zier und Kleinod bist auf Erden du, Herr Jesu Christ ... Du hältst gewiss, was du versprichst. Du bist nun mein, und ich bin dein, dir hab ich mich ergeben.

Nach dem Evangelischen Gesangbuch Nr. 473,1.3

In Spiegel-online habe ich gelesen, dass es Wettbewerbe gibt, die sich dem „bedrohten Wort" widmen. Ich weiß nicht, wie oft sie stattfinden. Im Juni 2007 titelte der Spiegel: „Kleinod besiegt Schlüpfer". Es geht bei dem Wettbewerb um Kleinodien, um Kostbarkeiten der deutschen Sprache, die bedroht sind, weil sie kaum einer mehr spricht oder versteht. Die Juroren kommen aus Deutschland, aus Österreich und der Schweiz. Zu Beginn der Beratungen steht ganz oben auf der Liste das alte Wort Labsal. Es könnte genauso gut Anmut da stehen. Labsal wie auch Luftikus scheiden aus. Das Wort, das übrigbleibt ist ‚Kleinod'.

Mit dem Kleinod verbindet sich etwas Wertvolles, etwas Kostbares – ein Schmuckstück. Liebende können sich Kleinode schenken – der Wert muss sich dabei nicht in Euro bemessen oder in Dollar oder in Lira oder in Cedis, die Währung von Liebenden hat keinen öffentlichen Kurswert, aber doch einen persönlichen, einen weltsichtverändernden, einen ideellen, einen, auf dessen einer Seite *Du* steht und auf der anderen *Ich*: „Ich werde am Du", so Martin Buber, „Ich werdend spreche ich Du." – Das Kleinod also auf Platz 1, auf Platz 2 bei diesem Wettbewerb zum bedrohten Wort kam das Wort „blümerant", dann Dreikäsehoch, auf Platz 4 die schon erwähnte Labsal, auf Platz 6 immerhin der Augenstern – und dann auf Platz 10 besagter Schlüpfer.

Es sind herrlich klangvolle Worte dabei: Kleinod, Labsal, Augenstern – ich könnte mit dem Augentrost und der Augenweide gerade weitermachen. Kostbar sind solche Wörter wie das, was sie bezeichnen – und wenn sie als

„bedrohte" Wörter erscheinen, ist dies natürlich ein Hinweis darauf, dass sich Sprachgewohnheiten ändern. Es könnte aber ebenso ein Zeichen dafür sein, dass das, was sie bezeichnen, nicht zum Selbstverständlichen, sondern zum Nicht-Selbstverständlichen des Lebens gehört. Es ist nicht selbstverständlich, dass einer einen Augenstern hat, einer Augenweide begegnet oder dass wir einander zum Augentrost werden.

Die Sprache der Religion ist, wo sie tiefer reicht, eine Sprache der Poesie, ist die Sprache der Liebenden. *Schönster Herr Jesu [...] dich will ich lieben* etwa, oder *Mein schönste Zier und Kleinod bist auf Erden du, Herr Jesu Christ* – so die Anfänge von Kirchenliedern.

Welch ein Glück, dass es die Schönste oder den Schönsten, dass es die Liebste oder den Liebsten, herzinniglich immer wieder ganz leibhaftig gibt, aus Fleisch und Blut und mit Haut und Haaren – zum Anfassen, zum Streicheln, zum Liebkosen und Liebkost-Werden. Und das andere gilt ebenso: Welch ein Glück, dass es über die große Liebe, die verlässlichen Beziehungen und die kleinen Liebschaften hinaus oder durch sie durch dieses Umfassende gibt, das immer wieder unsere kleinen Herzen weitet, die Sehnsucht nach Schönheit nährt, das Wissen um Harmonie nicht in den Falten verloren gehen lässt und die Liebste und den Liebsten nicht mit all dem Unerfüllbaren belastet und erdrückt, als müsse sie oder er für alles Gute und Schöne stehen, für alles Heilwerden einstehen.

Mein schönste Zier und Kleinod. Adressat ist gerade nicht die geliebte Frau oder der geliebte Mann. Welch innigliche Beziehung zum Urgrund der Welt, welch süße Koseworte, die mir vielleicht nicht ohne innere Bewegung als Gesangbuchvers über die Lippen gehen! Es ist eine ungeheure Nähe, die sich darin ausdrückt. Eine Nähe zu dem, der die Welt trägt, zu der, die sie in Armen hält, zu dem, was Grund und Ziel allen Seins ist, zum Ursprung des Kosmos und seiner Vollendung!

Mein schönste Zier und Kleinod. Das Lied spricht Jesus Christus an, den Herrn Jesus Christ. Gott wird so als der menschgewordene und auferstandene Gott betitelt, besungen. Auch wenn Jesus in meiner Gebetskultur vielleicht nicht an erster Stelle steht, so ist die ausgeprägte Jesusfrömmigkeit doch etwas, was durchaus einleuchtet: Es ist der nahe Gott.

Meine Zier, mein Kleinod, du mein Hirte, du Schönster: Kosenamen für Gott.

In der Akankultur, einer alten Kultur in Westafrika, ist es üblich, den Zugang zu Gott, zum obersten Gott über die Verehrung der Ahnen und unterschiedlicher Gottheiten zu wählen. Der direkte Zugang ist, von Ausnahmen abgesehen, auch in Gebet und Opfer in der Regel nicht vorgesehen. So wird es über Gott den Schöpfer oder Gott als das höchste Wesen kaum zu weiteren Namen für Gott kommen. Die Ehrfurcht überwiegt, in manchem auch die Furcht. Nun gehört aber zu unserer christlichen Kultur dieser menschgewordene Gott. Das spricht für Unmittelbarkeit. Und zugleich will die Frage nach Nähe und Distanz immer mal wieder ausgelotet werden, sie verändert sich, denke ich, auch im Lauf des Lebens.

Ein Beispiel hierzu. Der „liebe" Gott, das ist einer, von dem wir uns im Erwachsenenalter in der Regel verabschiedet haben, vielleicht durch Erkenntnis oder durch Erfahrung verabschieden mussten. Der liebe Gott hat in der Erziehung von Kindern, jedenfalls in meiner Erziehung, eine große Rolle gespielt. Irgendwann haben wir ihn dann verworfen, weil das unhaltbar geworden war. Die einen haben die Sache mit Gott ganz zur Seite gelegt, die anderen die Sache mit dem „lieben" Gott. Zu Recht: weil sie für sich erkannt haben, dass Gott nicht nur lieb und nett und kuschelig ist, sondern auch ein schwieriger, ein sperriger Partner, eine unnahbare Partnerin, unverständlich, erschreckend, abwesend. Und irgendwie bleibt die Ansprechbarkeit Gottes als einem Du ja doch ein Hilfskonstrukt. Wie sollten wir auch die Unermesslichkeit göttlichen Seins fassen können? Und doch sind wir immer wieder auf uns selbst gestellt, bedürftig, in den Grenzen unserer Möglichkeiten es zu versuchen – ach könnt ich dieses Geheimnis doch fassen!

Dazu ein Gebet: „Lieber Gott, hab ein Auge auf uns, auf jeden einzelnen von uns, so wie wir dasitzen und darüber nachsinnen, was es mit dir und unserem Leben auf sich hat, dem Grund des Seins, der Hoffnung, die wir haben, der Hoffnung die unsere muslimischen, unsere jüdischen Nachbarinnen und Nachbarn haben, unsere buddhistischen Gäste. Lieber Gott, hab ein Auge auf uns, auf jeden von uns, so wie wir nachsinnen und darüber nachspüren, was du uns bedeutest. Hab ein Auge auf uns, lieber Gott, und schenk uns dein Erbarmen."

Natürlich wissen wir, dass Gott nicht einfach ein „Lieber" oder eine „Liebe" ist. Vielleicht ist es auch Zeit, uns von der Vorstellung zu verabschieden, die Erde sei gut – sie ist nicht gut und nicht böse, jedenfalls auch nicht einfach lieb. Sie ist voller Zärtlichkeit und Buntheit, und sie bleibt unberechenbar und entzieht sich jedem Herrschaftsanspruch des Menschen. So wie Gott sich jedem Zugriff entzieht – Zugriffen durch Definition oder Zugriffen durch Vereinnahmung. Geheimnis des Glaubens: *Welch eine Tiefe des Reichtums,* so Paulus im Römerbrief, *beides, der Weisheit und der Erkenntnis Gottes! Wie unbegreiflich sind seine Gerichte und unerforschlich seine Wege. Denn von ihm und durch ihn und zu ihm sind alle Dinge. Ihm sei Ehre in Ewigkeit.*

Wenn wir den Horizont unserer Gotteserkenntnis abgeschritten, all unsere erwachsenen Verstandesmöglichkeiten, unsere Erkenntnis-Erweiterungsmöglichkeiten durchmessen, den Horizont unserer kulturellen und religiösen Leistungen abgesteckt haben, wenn wir ihre Grenzen gespürt haben, wenn wir staunend, zweifelnd und anbetend stehen geblieben sind und nicht weiter können – dann kommt uns, in Augenblicken von Herzensoffenheit und Anrührung, in einer Anmutung von neuerlicher Naivität wieder ein „Du" über die Lippen: „Meine Seele braucht dich, mir gegenüber, damit sie nicht fröstelt, damit ihr warm ist, damit sie nicht einsam bleibt, damit sie sich verbinden kann, damit wir verbunden sind. Meine Seele erhebt dich, Gott, du unergründlich Meer, du unerforschlicher Weg – du mein Kleinod, meine Zier, du lieber Gott. Amen."

wärst du ein mensch mein gott

wärst du
ein mensch
gleich mir
mein gott
ich würde dich
augenstern nennen

wärst du
ein mensch
mein gott
mag sein mir fiele
augenweide für dich ein

wärst du
ein mensch
mein gott
ob frau ob mann ob kind
ich würde dich
augentrost nennen

nun bist du
kein mensch
doch nahe kommst du
zur welt bringst du dich
zu uns auch in mir

so nenn ich dich
augenstern
und augenweide
mein augentrost
und noch viel mehr

in christus jesus
heute und hier
und von ewigkeit
zu ewigkeit.

Nathanael

Alle, die hier leben und arbeiten, treffen sich, soweit sie können, um acht Uhr zur „morning devotion": die Mitarbeiterinnen und Mitarbeiter des Akrofi-Christaller-Instituts in Akropong, in welchem Bereich auch immer sie arbeiten, die Studierenden, die Lehrenden, die Gäste. Der Gesang ist kräftig, ein Loblied ist es, das wir singen, die Melodie ist mir vertraut: *Lobe den Herren, den mächtigen König der Ehren, meine geliebete Seele, das ist mein Begehren.* Man spürt, dass die, die in diesem Institut arbeiten, auch sonst viel Leben teilen. Die Fenster sind weit geöffnet, ein leichter Wind weht. Durch die offene Tür blicke ich auf den Innenhof des Instituts: der Rasen, ein paar Sträucher, der Baum in der Mitte, der gerade frische Blätter treibt, die umlaufende Holzveranda des alten „Mission House", in dem schon vor 150 Jahren gelehrt und gelernt wurde – all das hat einen warmen Glanz im Schein der Morgensonne. So fühlt sich Frieden an, Leben, wenn die Nacht vergangen ist. Ein Augenblick, mich sammeln, zusammengehörig sein. Eine neue Aussicht, eine neue Kraft. Ein Tagesbeginn wie dieser hat für mich immer etwas von Astrid Lindgrens *Herz, öffne dich dem Tag, freu dich der Morgenstunde.*

Psalm 44, mit den Versen 10 bis 27, ist der biblische Text, auf den wir uns an diesem Morgen beziehen. Victor, der Kollege aus Sierra Leone, bringt ihn ein, er leitet das Morgengebet – das Book of Worship, das er benutzt, sieht diese Verse für heute vor. Gelesen wird der Psalm zunächst in Englisch, dann auf Twi. *Hat Gott sein Volk verstoßen?* ist er in meiner Lutherbibel überschrieben. Nach den ersten Versen spüre ich einen Widerstand in mir. Ich würde diesen Psalm, so geht es mir durch den Sinn, kaum in einem Morgengebet in *sanctclara* oder in einer Kursgruppe lesen, meditieren, auslegen. *Warum verstoßest du uns denn nun / und lässest uns zuschanden werden ...* Der muntere Lobgesang, danach so harte, ja harsche Verse, der heitere Morgen, der hereinweht – wie geht das zusammen?

Für Victor ist das keine Frage. Wir kennen uns von gestern, haben uns in Christ-Church getroffen. Er ist im PhD-Programm, dem Programm für Doktorandinnen und Doktoranden am Institut. Jetzt, nach der Auslegung, den Kommentaren, den Ergänzungen, gibt es wie immer Gelegenheit für Mitteilungen: Was will ich einbringen, was wollen wir heute morgen miteinander teilen, um es miteinander ins Gebet zu nehmen, wofür und für wen wollen wir beten? Die Studierenden werden genannt, die wieder zurück sind, ein neuer Anfang. Gäste sind da, Henry aus Kanada, der seit fünfzehn Jahren in Westafrika lebt, und ich aus Deutschland. Dies alles will vor Gott bedacht werden. Doch die Welt ist weiter als der Raum, in dem wir uns treffen. Eine junge Frau ist über die Situation der Christinnen und Christen in Nordkorea beunruhigt, sie hat Kontakte zur „hidden church", ein anderer denkt an die von Unglücken heimgesuchten Menschen in Australien und Brasilien – eine der Dozentinnen kommt aus Australien, aus Brasilien gab es im letzten Jahr Austauschstudierende. Das alles hat Platz im Raum des Gebets. Immer wieder eine andere, ein anderer nimmt Verantwortung wahr für das Anliegen, je nach dem, wer innerlich am nächsten ist. So sind viele einbezogen, beteiligt.

Nathanael neben mir erzählt von der bürgerkriegsähnlichen Lage an der Côte d'Ivoire. Da kommt er her, da lebt die Gemeinde, deren Pfarrer er ist. „You know we have two presidents", sagt er und lächelt. Im Lächeln sehe ich eine Mischung aus Enttäuschung, Empörung und Ohnmacht. Die Kirche, zu der er gehört, sie ist nicht in der Lage, die gegenwärtige Situation, die das Land zu zerreißen droht, zum Thema zu machen, darüber wirklich einen Dialog zu führen, Stellung zu beziehen. So kann sie nicht zur Versöhnung beitragen. Eine Kirche aber, die dem Auftrag der Versöhnung nicht nachkommt, die zu mörderischen politischen Verhältnissen schweigt, hat keine Berechtigung. Viele Menschen sind schon verletzt worden, liegen in Krankenhäusern, sind auf der Flucht, wurden getötet. Nathanael nimmt den Psalm auf, über den wir eben gesprochen haben, liest nochmals Vers 11: *Du lässest uns fliehen vor unserm Feind, / dass uns berauben, die uns hassen.* So komme ich mir vor, sagt er, das ist die Situation vieler an der Elfenbeinküste, auch in meiner Gemeinde, so steht es um die Menschen bei mir zu Hause.

Später, in einer Pause, stehe ich mit Victor in der Sonne. In seiner Dissertation arbeitet er über Hannah Kilham, eine englische Quäkerin, die sich im frühen 19. Jahrhundert in Sierra Leone mit Erfolg für muttersprachlichen Unterricht eingesetzt hat. Bis nächstes Jahr will er die Arbeit abgeschlossen haben. Die Familie ist mit dabei in Akropong, sagt er mit einigem Behagen. Beide teilen wir die Wertschätzung für die Quäker. „Kummer und Leid", sagt er dann, „sind ein Teil unseres Lebens. In meinem Land hat der Krieg elf Jahre gedauert – und selbst dann war er noch nicht vorbei. Wir sind vielem Leid ausgesetzt. Zugleich setzen wir uns mit ihm auseinander, wir setzen uns ihm aus, selbst an einem so herrlichen Morgen wie heute – so sind wir nicht überrascht, wenn das Leid kommen sollte." So unterschiedlich unsere Lebenskontexte auch sind, wir sind einander gerade jetzt spürbar nah verbunden.

Andere haben mir neulich erzählt, dass wir hier in Ghana uns keine Sorgen machen müssten, dass da was von der Elfenbeinküste rüberschwappen könnte, Flüchtlinge oder gar Gewalt. Die Grenzen sind sicher, „they are safe", und gut bewacht. Vielleicht wollten sie mich beruhigen, vielleicht sich selbst. Heute Morgen sind die Grenzen nicht wirklich sicher, heute Morgen sind sie durchlässig geworden. Als seien sie nicht bewacht. Heute Morgen sitzt Nathanael neben mir.

sommermorgen

ein morgen
gott voll erbarmen
aus deiner gnade
ein neuer tag

wem sonnig zumute ist
der mag die wärme genießen
wer voll freude ist
mag jubeln

wem heilsames widerfuhr
der mag danken
wer gutes bewirkt hat
mag sich sonnen

wer des trostes bedarf
mag getröstet werden
wer schwer trägt
der mag aufgerichtet werden

wer voll zweifel ist dem gott
voll erbarmen gib klarheit
wer weglos ist
dem gewähre ein zeichen

wer schuld auf sich geladen hat
den entlaste wer ängstlich ist
den führe zu quellen des muts
wer sich verloren vorkommt
dem gibt halt

ein morgen
gott voll erbarmen
aus deiner gnade
ein neuer tag

Wir sind Ruander

 Es sind Rebellen, was immer das heißen mag. Sie kommen über die nahegelegene Grenze vom Kongo nach Ruanda in dieses Dorf. Es ist ein Leichtes, die Grenze zu passieren. Sie kommen gezielt, sie wissen, was sie wollen. Sie finden die Schule, reißen die Türen auf, stürmen in das ebenerdige, langgestreckte Gebäude, treiben die Schüler hinaus ins Freie.

„Who is Hutu? Who is Tutsi?" brüllen sie, die Maschinenpistolen im Anschlag. Sie bekommen keine Antwort. Weder die Hutu-Schüler noch die Tutsi-Schüler geben ihnen Auskunft. Schweigen.

Gabriel spricht schnell, während er erzählt. Ich komme kaum mit. Dass Hutu und Tutsi eine gemeinsame Sprache haben, wusste ich nicht. Die beiden Volksgruppen bewohnen denselben geographischen Raum, sind Bürgerinnen und Bürger desselben Landes. Sie heiraten herüber und hinüber, selbst an den Namen kann man sie nicht unterscheiden.

Ich schaue Gabriel an. Es ist das erste Mal, dass ich ihn von seinem Land erzählen höre, außer jenem Auflachen, halb bitter, halb verlegen, als er sich vorstellte und fragte: „You know Rwanda?" Ja, ich kenne Ruanda aus den Nachrichten, schrecklichen Nachrichten von Gräueln und Völkermord. „Es sind Hutu-Rebellen," fährt er fort, „sie wollen wissen, wer Tutsi sind, um sie zu erschießen."

Die Rebellen fragen wieder, schreien, heben ihre Maschinenpistolen, drohen: „Who is Hutu? Who is Tutsi?" „Hier gibt es keine Hutu und hier gibt es keine Tutsi", bekommen sie zur Antwort. „Wir sind Ruander."

Ein kurzer Wortwechsel.

Keiner der Schüler überlebt.

Wir sitzen stumm um den Frühstückstisch. „Diese Schüler haben uns eine Lektion erteilt", bricht Gabriel das Schweigen dann, ‚lesson' ist das Wort, das er gebraucht, „eine Lektion haben sie uns erteilt, uns und unserem Land. Sie sind Helden."

friedensstifter

in zeiten der ohnmacht
ist es das gebet
das wichtig ist
sagt er
es reicht weiter

er sagt das
nachdem er erzählt hat
wie er mit frau und tochter
durch das feuer gegangen war
sie wussten wozu

ein ende bereiten
der gewalt

auf dem markplatz
links die gewehre der einen
die der andern rechts

schau nicht nach rechts
nicht nach links
schau nicht zurück

hab den auftrag
den weg
das ziel im auge

die flammen taten
ihnen kein leid

Wie ein Teppich vor die Füße gelegt

In unseren Herzen wirst du weiterleben …. So lese ich oft in Todesanzeigen. Ja, das ist so. Auch wenn du stirbst, werden wir uns nicht verloren gehen. Bei uns bleibt und mit uns geht die Erinnerung, sie wird ein Teil von uns. In unseren Herzen wirst du für immer einen Platz haben. Du gehörst zu uns. – Das ist das eine. Das andere ist: dass wir, jenseits unserer kleinen zerbrechlichen, endlichen Herzen, jenseits unserer Vergesslichkeiten, die Toten aufgehoben wissen im Herzen Gottes. Ich meine nicht, dass trauern hieße, es sei uns aufgegeben, Menschen, die wir lieben, loszulassen. Loslassen müssen wir sie nicht, aber lassen müssen wir sie. Sie an einem Ort zu glauben, an dem wir sie aufgehoben wissen – welch ein Trost: im Herzen Gottes, das unsere zerbrechlichen und endlichen Herzen festigt und umfängt. Wie wir alle aufgehoben und geborgen sind im Herzen Gottes, der uns zu Herzen nimmt. Die Sprache des Glaubens sagt: Die Toten gehen uns voraus, mehr noch: sie gehen heim. Wir müssen nicht für sie sorgen, wir müssen nicht um sie sorgen – für sie ist gesorgt.

Unsere christliche Tradition hat große Bilder entworfen von Leben und Tod, davon, was wichtig ist im Leben, was täglich nährt und was ewig währt. Manche dieser Bilder sind blass geworden über die Jahrhunderte, andere leuchten kräftiger denn je. Es sind Bilder, zu denen wir uns stellen können, aus der Nähe oder von ferner betrachtend. In manche können wir uns gar hineinbegeben. In vielen Liedern und Gebeten sind sie bewahrt. Selbst die Weihnachtslieder, die vielfältige Variationen dessen sind, dass und wie Gott zur Welt kommt und bei uns ist, sich einstellt, sich zu uns stellt, sich seiner Schöpfung erbarmt, selbst die Weihnachtslieder haben immer eine doppelte Bewegung: Der Himmel, der sich zur Erde hin öffnet, und die Erde, die sich zum Himmel streckt. Gott wird Mensch – Gott begibt sich in unser Leben, mit uns auf unsere Lebensreisen, die nicht lediglich die Tage und Nächte beschreiben zwischen

Geburt und Tod, sondern eingebettet sind in die Ewigkeit Gottes.

Kommt und lasst uns Christus ehren... ist eines dieser Lieder, in manchen Kirchen eröffnet es die Gottesdienste zur Heiligen Nacht. Der letzte Vers heißt: *Schönstes Kindlein in dem Stalle, sei uns freundlich, bring uns alle dahin, da mit süßem Schalle, dich der Engel Heer erhöht.* Unser endliches Leben, gesehen und gehört im Licht der Unendlichkeit Gottes. In einem anderen Weihnachtslied heißt es: *In seine[, des neugebornen Christuskindleins] Lieb versenken / will ich mich ganz hinab...* Vielleicht ist das ja so, dass wir am Ende unserer Tage ganz eingehen in die Liebe Gottes, einer Liebe, groß und weit gleich einem Meer...

Es sind starke Bilder, in die wir unsere kurze Lebensspanne hinein versprechen können, in denen jedes Leben an Kraft gewinnt und bedeutsam wird. Es sind Bilder, die unser Leben weiter und freier machen. Wie im Leben so sei auch im Sterben eine Hand, die mich hält. Eine Hand möge uns halten, wo wir niemanden halten können, nicht mal uns selbst. Eine Hand möge uns halten, wie es in einer Zeile des Rosenkranzes heißt, *jetzt und in der Stunde unseres Todes.*

Es sind starke Bilder, in die hinein wir uns fallen lassen können, und es sind starke Gebete. *Du bist mein Gott! Meine Zeit steht in deinen Händen.* Es ist das Leben, gerade an seinen Grenzen, das solch ein Gebet braucht, Ausdruck eines Vertrauens, an das ich mich anlehnen kann. Wo ich solchem Vertrauen nicht selbst Sprache geben kann, spricht ein anderer für mich, gibt mir, woran ich mich orientieren kann. So wie die Zeit in besonderer Weise kostbar wird im Erfahren ihrer Begrenztheit, kann das Vertrauen entstehen, das sagt: Du bist mein Gott. Dann kommt dieses Vertrauen herüber in die Gottferne und Gottverlassenheit von Verlust und Alleinsein, der Erfahrung von Flüchtigkeit und dem Hadern, der Frage nach dem, was bleibt, mehr noch, dem: Wo bleibe ich? Wer sich mit Abschiednehmen konfrontieren musste, kennt diese Frage: Was wird bleiben? Und wo bleibe ich?

Gehaltensein jetzt, mitten im Leben – auch in Traurigkeit und Leid. Menschen, die dabeibleiben und aushalten und, wenn es sein muss, zu- und anpacken können. Manche Nachtstunden werden schlaflos sein und manche Stunde am Tag leer. Auch dies ist Gottes Zeit mit mir – mag sein mehr geglaubt als erfahren. Und doch kennt auch die Trauer mehrere Farben, ist sie eine Zeit, in der, unmerklich oft, der Mut wächst und das Vertrauen – wie ein Teppich vor die Füße gelegt.

am grab

wir mögen
grund haben zu klagen

doch wir brauchen
nicht zu verzweifeln

die uns vorausgehen
mögen uns fehlen

aber wir brauchen uns
nicht um sie zu sorgen

wir mögen sie suchen
des nachts und am tag

jedoch wir sind
nicht allein

es mag uns
bang sein

doch wir sollen
getröstet werden

schritt

für

schritt

entgegengehen

ist es nicht an der zeit
das gerenne zu lassen

an der zeit die zögerlichkeiten
von mir zu schütteln

ist es nicht an der zeit
dem zweifel zu kündigen

an der zeit den vorbehalten
adieu zu sagen

ist es nicht an der zeit
mich am vertrauten zu wärmen

an der zeit dem erhofften
entgegenzugehen

zeit der liebe zu folgen

ist es nicht längst
an der zeit

Es wird was für mich dabei sein

Christ-Church in Akropong am Sonntagmorgen. Wie immer werde ich freundlich begrüßt. Der alte Herr, den ich auf dem Weg eingeholt hatte, so dass es vor der Kirchentür noch für ein paar Sätze gereicht hat, sorgt dafür, dass ich zum Platz geleitet werde. Ich setze mich, sammle mich, stimme mich auf den Gottesdienst ein. Mir bewusst werden, wie und womit ich heute in der Kirche bin. Gelassen warten, was auf mich zukommt. Ich habe hier keine Aufgabe heute außer da zu sein. Einer meiner geistlichen Väter kommt mir in den Sinn. Er sagte einmal, als ich mir Sorgen machte, ob ich für den Tag darauf noch eine ordentliche Predigt zustande brächte: „Ach, machen Sie sich nicht so viele Gedanken, selbst wenn es nichts werden sollte mit der Predigt und sie mich gar nicht anspricht, was ich mir nicht vorstellen kann, wird etwas für mich in diesem Gottesdienst dabei sein. Da gibt es das *Kyrie eleison,* das wir singen, das *Vaterunser,* das wir zusammen beten, das Abendmahl. In Gemeinschaft vor Gott zu sein, da darf eine Predigt auch mal daneben gehen." Er sagte das als einer der anspruchsvolleren Predigthörer! Dem jungen Pfarrer war das für den Samstagmorgen Entlastung genug.

Etwas wird für mich dabei sein. Was immer dieser Gottesdienst bringen wird, es wird etwas für mich dabei sein. Nicht: Es muss etwas für mich dabei sein. Oder: Es muss etwas dabei herauskommen. Nein, etwas wird für mich dabei sein. Das erregt eine andere Aufmerksamkeit: Was diese Stunde, dieser Tag, diese neue Woche auch bringen wird, was immer auf mich zukommt, es wird etwas für mich dabei sein. Ich komme nicht zu kurz. Ich werde nicht leer ausgehen.

Nun, ich habe diese Zuversicht nicht immer, dass so viel Schönes und Gutes da ist, dass auch für mich etwas dabei sein könnte. Ich mache auch gute Erfahrungen damit, hin und wieder eine gewisse Skepsis zu pflegen. Doch ich erinnere mich gerne an solch eine Zuversicht und lasse mich auch an sie erinnern. Es kommt oft vor, dass dann plötzlich mehr, viel mehr für mich da ist, als das, was ich erwartete, was ich zu wünschen wagte. Und manchmal, das ist fast am schönsten, hat es mit meinen Erwartungen überhaupt nichts zu tun. Da empfiehlt es sich, nicht so viel zu erwarten! Nicht um nicht enttäuscht zu werden, sondern weil dann das Staunen umso größer ist.

Es wird etwas für mich dabei sein. Auch an diesem Morgen nach einer wenig erfrischenden Nacht. Ich nehme das Liturgieblatt zur Hand. *We welcome you all,* so lese ich, *to today's Divine Service. We celebrate the Holy Communion with hope and gladness of heart. As we eat and drink may the Lord of the Celebration nourish our souls, soothe our sorrows, heal our wounds and drive away our fears.*

Wenn wir essen und trinken,
möge, der uns einlädt zum Mahl,
unsere Seelen nähren,
unseren Kummer lindern,
unsere Wunden heilen,
unsere Angst vertreiben.

Aber natürlich, es ist der erste Sonntag im Monat. In dieser Gemeinde wie in vielen anderen feiern sie am ersten Sonntag im Monat Abendmahl, „Holy Communion", Eucharistie. Die wenigen Sätze, mit denen der Gottesdienstbesucherin, dem Gottesdienstbesucher, mit denen mir schmackhaft gemacht wird, um was es gehen soll, was es geben wird, beeindrucken mich, machen Appetit, wenn ich auf den Tisch im Altarraum sehe, auf dem unter hügeligem, wallendem weißem Leinen Brot und Wein zu ahnen sind.

Unsere Seelen sollen genährt, unsere Kümmernisse gelindert, unsere Verletzungen geheilt, unsere Angst vertrieben werden. So einfach und klar kann man sagen, worum es im Abendmahl geht. Vielleicht ist damit nicht alles gesagt, aber für heute Morgen alles Wesentliche. Ich lese nochmals und wieder, langsam und Wort für Wort. Das ist nicht wenig, was da steht. Und doch ist mir, wo noch nichts geschehen ist, als würde ich an dem, was da steht, für diesen Augenblick schon Anteil haben.

Wie gut, dass ich so früh gekommen bin, um diese Zeit für mich zu haben. In der Stille vor dem Gottesdienst ist mir nicht gegenwärtig, wie ungeheuerlich, ja maßlos diese Sätze sind, was hier in aller Einfachheit zugesichert wird – wie viel auf Hoffnung hin! Und davon gibt es zu kosten, zu schmecken! Sicher, diese Sätze kommen als Bitte daher, lassen aber keinen Zweifel daran, dass es nicht bei der Bitte bleibt, dass da etwas für mich, für dich, für uns dabei ist, was dem Leben, was Seele und Leib zugute kommt.

Vielleicht muss man sich in solche Sätze in aller Einfachheit hineinfallen lassen, damit sie ihre Wirkung entfalten, dass Brot und Wein empfangen werden können. Damit Leben lebbar bleibt oder wird. *Erhebet eure Herzen! Wir erheben sie zum Herrn.* Mit diesen Worten wird die eucharistische Feier des Lebens über die Grenzen von Konfession und Zeit hinweg in den Kirchen der Erde eröffnet, weist sie über die Kirchen und Zeiten hinaus, nimmt vorweg und breitet aus. So auch in dieser Kirche. *Lasst uns danken dem Herrn, unserm Gott! Das ist würdig und recht.* Die Vorbereitung dafür ist, sich anstecken zu lassen von dem, was an Hoffnung gereicht werden will. An Hoffnung und Herzensfreude.

Wie das gehen soll? Vielleicht von Gott nicht zu klein denken. Oder über das Leben nicht düster. Oder von mir nicht schlecht. Oder von sonst wem. Was es dazu braucht? An diesem Morgen ist es, mich auf den Weg gemacht zu haben, freundlich empfangen zu werden. Platz nehmen, eine Stille. Mehr nicht.

aller seelen

christus jesus
du mögest

unser aller
seelen nähren

unser aller
kümmernisse lindern

unser aller
wunden heilen

unser aller
angst vertreiben

ja das
mögest du

Mit dem rechten Fuß zuerst

Halim, ein begnadeter Erzähler aus Istanbul, sagt vor dem Betreten der Sultan-Ahmed-Moschee, der Blauen Moschee: „Du musst mit dem rechten Fuß zuerst über die Schwelle gehen, das bringt Glück."

Man mag, wie er selbst, über eine solche Empfehlung lächeln. Und doch: Beim Betreten eines Gebäudes, beim Überschreiten einer Schwelle die Füße zu sortieren nötigt zu einer Unterbrechung des Gehens: die Unterschiedlichkeit wahrnehmen von draußen und drinnen, von vorher und dann, von offen und umbaut. Vom Einbilden zum Anschauen, von der Vorstellung dessen, was ich erwarte, in die Wirklichkeit dessen, was mich empfängt – das sind, im Alltag kaum wahrgenommen, immer auch heikle Momente. Nicht umsonst werden Schwellenrituale erfunden und begangen. Ganz besonders dann, wenn das Haus oder die Wohnung neu ist, erstmals bezogen werden soll – wenn Raum in Besitz genommen, bewohnt werden will. Hier bin ich zu Hause. Halim aus Istanbul sagt: Mit dem rechten Fuß zuerst!

Zwei Erinnerungen dazu. In jüdischen Häusern ist am Türpfosten die Mesusa angebracht, eine kleine Pergamentrolle mit einem Toratext aus dem 6. Kapitel des 5. Buchs Mose. Der entscheidende Satz ist der Hinweis auf die alles umfassende Wirklichkeit, für die wir das Wort „Gott" haben: ... *liebe den Ewigen, deinen Gott, mit deinem ganzen Herzen und mit deiner ganzen Seele und mit all deiner Kraft* .... Der gläubige Jude, die praktizierende Jüdin berührt im Verlassen von Haus oder Wohnung mit den Fingerspitzen die Mesusa und spricht: „Gott schütze mich bei meinem Fortgehen und bei meinem Ankommen, jetzt und in Ewigkeit". Ob ich sitze oder stehe, gehe oder liege – immer mit dem Wissen um die Kraft, der sich Leben verdankt, und mit der Bitte um ihren Segen.

Die Sternsinger malen bis heute mit ihren Kreiden die Buchstaben C und M und B, eingerahmt von der Jahreszahl, an die Türstürze der Häuser. *Christus mansionem be-*

nedicat – Christus segne dieses Haus. Das hat etwas Apotropäisches, aus uralten Zeiten in den frühen Januartagen wieder und wieder aufgelegt, von vielen erwartet, die Kreidezeichen beim Säubern der Türrahmen das Jahr über fein säuberlich gehütet: Das Zeichen soll dem Schutz dienen – als ließe sich Unheil einfach so abwehren, als ließe es sich bannen. Ach wäre das schön! Mit dem rechten Fuß zuerst. Natürlich wissen wir, dass nichts im Leben sich zwingen, nichts sich bannen lässt. Doch ein bisschen Magie wärmt die aufgeklärte Seele! Und wer weiß?

An der Schwelle wird deutlich, dass bei allem Planen und Schaffen das Leben unvorhersehbar bleibt, gleichermaßen beglückend wie beängstigend. Über eine Schwelle zu gehen macht deutlich, dass die Selbstverständlichkeit zu leben einen Boden braucht, auf dem sich gehen lässt: das Vertrauen. Vertrauen, das nicht immer neu geschaffen werden muss, das vor mir ausgebreitet ist und begehbar.

Das Vertrauen sagt: Du kannst dem Ungewissen zuversichtlich und mit Neugierde begegnen. Es sagt: Hinter der Tür wartet keine böse Überraschung auf dich. Es sagt: Es wird Zeit, dass du dir Zugang verschaffst. Es sagt: Es ist an der Zeit, dass du gehst. Das Vertrauen sagt: Der Raum wird hell werden und der Himmel erhaben sein. Es sagt: Du wirst, wenn du gehst, nicht aus der Liebe fallen – sie geht mit. Das Vertrauen sagt: Mach dir den Kopf nicht so voll, *Gott wird deinen Fuß nicht gleiten lassen und der dich behütet schläft nicht.*

haussegen

voller dankbarkeit für das
was entstanden ist
stehen wir hier
wohnlich ist es geworden

wir sammeln uns
mit unserer hoffnung

wo es eine bangigkeit gibt
hat sie platz

wir machen uns
unsere wünsche bewusst

achten seele und leib
achten den atem
achten den boden
auf dem wir stehen
den raum
in dem wir uns finden
das haus
das uns obdach gewährt

achten die menschen
mit uns hier

gesegnet sei der mut
der leben wagt
gesegnet sei das vertrauen
das wir einander schenken
gesegnet sei dieses haus
gesegnet seien
die hier wohnen

gesegnet die kommen
und gehen

gesegnet sei die stadt
friede allen hier
und an allen orten

Im Lauf der Dinge

Auf dem Rückweg von einem Kurs im Schloss Beuggen in Rheinfelden – „Leiten mit Methode, Geschick und Feingefühl" war das Thema – unterbreche ich die Zugfahrt in Freiburg, um einen Besuch zu machen. Auf dem Weg vom Hauptbahnhof in die Stadt, oder soll ich sagen: ins Städtchen, gehe ich auf das Stadttheater zu. Am oberen Teil des um die hundert Jahre alten Gebäudes sehe ich ein Spruchband mit großen, schwarzen Buchstaben auf gelbem Grund. Ich schaue hin – „change the world" lese ich da.

Welch ein Appell! Was für eine Inszenierung da wohl angekündigt wird? Appelle, schriftlich oder mündlich, mögen sie noch so gut gemeint sein, haben ja die Tendenz zu verhallen, sei es über den Dächern der Stadt oder, wenn sie überhaupt so weit kommen, in irgendwelchen Räumen tief in meinem Innern, wo sie sich fast unzugänglich verstecken.

Im Näherkommen lese ich „We cannot change the world." Jetzt bin ich einigermaßen empört über solch einen Slogan an einem durch einen öffentlichen Haushalt subventionierten Haus. Welch ein Fatalismus, welch Sich-Fügen in die vermeintliche Unabänderlichkeit des Laufs der Dinge! Das kann doch nicht angehen! Ärgerlichen Blicks bleibe ich stehen, verweile einen Moment, schau noch mal hin, und nun entfaltet sich die ganze Botschaft, von der ich bislang nur einen Teil wahrgenommen hatte. „We cannot *not* change the world." „Wir können die Welt nicht *nicht* ändern."

Ich atme auf. Das nun klingt alles andere als schicksalsergeben. Wie gewitzt, die Botschaft ist eher umgekehrt: Was immer wir tun oder lassen, es ändert die Welt – an welcher Stelle und wie auch immer. Und wie treffend: Im Englischen meint „you" beides, die Einzahl und die Vielzahl: Du kannst, Ihr könnt die Welt nicht *nicht* ändern! Wir sollten uns nicht der Illusion hingeben, als könnten wir uns in einer Weise verhalten, die nicht Auswirkung hätte auf andere, auf anderes, auf das Ganze, als einzelne und als

Gruppen, Gemeinschaften, als Gesellschaften. Wir sollten uns nicht zu schnell unseren Ohnmachtsneigungen hingeben, als sei ohnehin nichts zu machen – ja, die im Rathaus können, vielleicht, oder die in Berlin oder, es deutet viel darauf hin, die in Brüssel, vielleicht – oder sitzen die wirklichen Könner, die Mächtigen nicht doch wo ganz anders?

Vielleicht ist es nicht immer und nicht gleich offensichtlich, inwieweit es Wirkungen hat, was wir tun oder lassen: Was wir tun oder lassen, es ändert den Lauf der Dinge. Und wie gut, einen begonnen Weg noch ein Stück weiter zu gehen, nicht zu früh mit Einschätzungen und Urteilen fertig zu sein. Dieser Weg ins Freiburger Städtchen ist, so wie ich ihn gegangen bin, mit dieser gestuften Entdeckung ein ganz alltäglicher Vorgang. Jede und jeder kennt das. Ich sehe etwas – und sehe es nur zum Teil, ausschnitthaft. Wenn ich nicht, wie in meinem Fall, mich meiner Empörung ausliefere, sehe ich im Näherkommen aber noch was anderes, erschließt sich mir, indem ich die Perspektive verändere, ein womöglich ganz anderer Sinn. Die Botschaft verkehrt sich in ihr Gegenteil. „Wir können die Welt nicht *nicht* ändern."

Doch vorsichtig: Doppelte Verneinungen haben es in sich. Also nicht auf die leichte Schulter nehmen! Unabänderlich ist in der Tat manches. Das vermeintlich Unabänderliche davon zu unterscheiden braucht es, dass ich ein Stück Weg gehe – mit Geschick und Feingefühl.

august

es soll
sternschnuppen
regnen die nacht

ach würd ich
doch nass
bis auf die haut

ein warmer wind
trocknete mich
taufrisch wär ich
am morgen danach

im nächtens
erschaffenen
glückslicht
föhnt sie ihr haar
luftig leicht

es soll sternschnuppen
regnen die nacht

Namenlos

Am Tag zuvor war auf den Straßen kaum ein Durchkommen. So viele waren am Nachmittag und gegen Abend unterwegs. Jetzt, am frühen Sonntagmorgen, kurz vor acht, sind die Straßen leer. Der Müll erinnert noch an die Geschäftigkeit des Vortags, er liegt auf den Straßen und in den Abwasserkanälen, sucht sich die Nasen – es wird Mittag werden, bis die gröbsten Spuren beseitigt sind. Ein Stück weiter, am Markt, ist schon wieder Leben, Alltag, von Sonntag nichts zu spüren.

Die Sonne steht noch tief, während ich die engen Marktgassen wie an einer riesigen Gemüse- und Fischtheke entlang durch das Gedränge gehe. Dann biege ich ab, die engen Stufen hinauf, an Hütten vorbei und durch Hinterhöfe – St. Peter, die römisch-katholische Kathedrale von Kumasi, liegt erhöht. Noch ein paar Schritte, und sie ist mit ihren beiden Türmen zu sehen.

Es ist eine Freude, in dieser recht unvertrauten Stadt auf diese Weise in Beziehung zu sein. Der Junge eben, der mir unvermittelt die Hand gibt, und die ich nicht ausschlage, vor Überraschung, Erschrecken oder Abwehr. Der fragende Blick eines Händlers im Vorübergehen, öfter ein Lächeln, wenn sich die Blicke begegnen. Überhaupt der Wunsch, das Recht auf Leben zu sehen und den Versuch es irgendwie zu bestehen, so schräg mir der Versuch auch vorkommt. Aber was ist schon schräg?

Steinstufen führen hinauf. Der Aufgang zur Kathedrale ist breit, majestätisch, kann sich sehen lassen. Links und rechts niedrige Brüstungen, auf denen Männer unterschiedlichen Alters sitzen und warten. Gleich muss die erste Messe zu Ende sein, die Zeit ist schon überschritten zum Beginn des zweiten Gottesdienstes an diesem Morgen. Eine alte, armselig gekleidete Frau, der Rock und Bluse wie Fetzen an ihrem dürren Leib hängen, bewegt sich barfuß auf den Steinstufen hin und her, weiter hinauf, wieder zurück, auf die Männer zu, mal nach links, mal nach rechts, langsam und dann wieder schneller, den Kopf immer nach vorne. Was für Augen! Wie behände sie sich aufführt. Sie scheint größer, als sie ist. Wort- und gestenreich beschimpft sie die wartenden Männer in ihren frischen Hemden und Sonntagsanzügen, die Gottesdienstbesucherinnen und -besucher, die kommenden und die gehenden. Keiner kommt an ihr vorbei.

Ich frage den jungen Mann neben mir nach ihr. Vielleicht kennt man sie hier ja, vielleicht ist sie immer da, immer sonntags. Sie sei „mental" krank, sagt er. Das sieht man, dass sie krank ist, dass sie verrückt ist. Ein Mann mittleren Alters, kräftig gebaut, in langem Gewand geht geschwinden Schritts die Stufen hinauf. Ihm ist anzuspüren, dass er mit all dem hier nichts zu tun hat. Dann geht alles sehr schnell. Sie fällt ihn an. Sie beißt ihm ins Beinkleid, er schlägt nach ihr wie nach einer Hündin. Mit einem Stofffetzen zwischen den Zähnen kommt sie in die Höhe. Gleich springen Männer auf, die den zornig Gewordenen festhalten, ihn besänftigen und wegführen. Sie weicht zurück, wendet sich ab und wieder den Männern auf den Brüstungen zu.

Die Hitze des Tages kündigt sich an. Diese arme, alte Frau auf den schattenlosen Steinstufen, zum Erbarmen, einfach nur jämmerlich. Welch namenloses Elend! Könnte sie nicht wenigstens einfach still, gekrümmt und in sich gekehrt in einer Ecke hocken, den Plastikbecher vor der ausgestreckten Hand auf dem Boden? Eilige und verweilende Passanten wären nicht gezwungen, Notiz von ihr nehmen! Nein, sie steht und geht und springt herum und schleudert der Welt ihr Leid ins Gesicht. Sie nimmt sich eine Bühne, eine Bühne für sich und ihre Krankheit. Niemand ist da, der meint, sie müsse ruhig gestellt werden oder separiert, wohin auch. Allerdings ist auch niemand da, der sie in den Arm nimmt.

Welch eine Kraft, welch eine verzweifelte Kraft liegt im Auftritt dieser alten, dürren Frau. Natürlich weiß jeder hier, dass sie nicht in der Lage ist, sich eine Bühne zu nehmen. Ihre Krankheit hat sie sich genommen, sie zur Bühne gemacht. Und doch: Welch eine Kraft. Das Leid tritt auf – sichtbar, hörbar, fühlbar, für alle. Schonungslos. Diese Frau. Mittendrin.

zeitläufte

irgendwo fegt jemand
zur aufgehenden sonne
vor seiner tür irgendwo
bauen sie häuser auf sand
die die zeit bestehen

irgendwo tragen die krähen
halskrausen knielange beffchen
fächeln die bäume
kommst du vorüber
dir zu

fällt das wasser
kristallgleich auf hüllenlose haut

irgendwann lässt du davon ab
dich zu hintersinnen
fallen die schlechten nachrichten
durchs weltweite netz

leuchtet der morgen
als hätte die nacht
alles geklärt

irgendwo erscheint gott
als wolke am horizont
wie öfter schon
albern die kinder hinter dir her
aus lauter übermut

Manchmal wundersam

Ich erinnere mich an jene alte griechische Frau im Flugzeug von Frankfurt nach Thessaloniki. Ich war auf dem Weg zum Athos, zum ersten Mal. Ihren Namen kenne ich nicht und weiß auch sonst nichts von ihr. Wir haben uns begrüßt, einander zunickend, und ebenso haben wir uns am Ende des Fluges verabschiedet. Ein Lächeln zwischendurch, darüber hinaus haben wir nicht gesprochen. Es war eine von diesen flüchtigen und doch nachhaltigen Begegnungen, in denen nicht viel für die Augen und die Ohren geschieht, und die doch im Gedächtnis bleiben, indem Worte, die nicht ausgesprochen werden konnten, nicht mussten, ihren Klang, ihre Farbe bekommen.

Inmitten einer bunten, sommerlich leicht bekleideten Schar, mitten im August, fällt sie durch ihre schwarze Kleidung und ihre grauen Haare auf. Meine Großmutter kleidete sich ähnlich. Wir sitzen nebeneinander, ziemlich weit hinten, in einer der letzten Reihen der Maschine, einer kleinen Maschine. Auf dem nicht allzu langen Flug von Frankfurt nach Griechenland werden wir über dem Balkan ziemlich durcheinandergeschüttelt. Als das Flugzeug dann landet – die Landebahn in Thessaloniki ist, als tauchte sie unmittelbar aus dem Meer auf –, wie das Flugzeug polternd aufsetzt und ausrollt, hebt sie ihre rechte Hand. Sie bekreuzigt sich in einer fließenden Bewegung. Da braucht es kein Überlegen, die Hand führt sich selbst. Der orthodoxen Tradition gemäß berührt sie Stirn und Brust, die rechte und die linke Schulter. Dabei bewegt sie lautlos ihre Lippen. Sie tut das mit derselben Selbstverständlichkeit, mit der die vielen anderen klatschen.

Vielleicht ist es bei allen Passagieren ein ähnliches Erleben, als die Räder am ausgefahrenen Fahrwerk der Maschine den Boden berühren – ein im Aufheulen der Triebwerke unhörbarer Seufzer bei manchen, eine Erleichterung bei den meisten. Doch das Erleben artikuliert sich unterschiedlich. Je selbstverständlicher mir eine sichere Landung erscheint, desto weniger wird es ein Bedürfnis geben, der Entspannung oder gar Dankbarkeit Ausdruck zu verleihen. Je weniger selbstverständlich mir etwas ist, desto näher werde ich dem Wunderbaren, dem Wundersamen des Lebens sein und dies auch entsprechend inszenieren wollen. Je stärker ich mir meiner Interdependenz bewusst bin von Menschen, Mächten und Umständen, die ich nicht beeinflussen kann, von denen ich häufig genug keine Kenntnis, nicht einmal eine Ahnung habe – desto eher werde ich auch in meiner Spiritualität Anschluss suchen, wohin ich mit meiner Endlichkeit nicht reiche, und dem Ausdruck verleihen. Es ist mit dem Glück nicht anders: Je unfassbarer es mir erscheint, dass es mich überkommt, desto eher werde ich mich umfassender aufgehoben oder verankert wissen. Welches sind die Momente in meinem Leben, in denen dieses Bewusstsein von Bezogen- und Abhängigsein mich erfüllt? Vielleicht auch: Welches sind die Momente, die ich mir neu oder stärker ins Bewusstsein holen will? Um sie dann auch begehen zu können?

Die Geste der alten Griechin ist eindeutig: Dem Himmel, Gott sei Dank für die Bewahrung auf der Reise, für die sichere Landung. Doch auch der Beifall der anderen Flugpassagiere ist mehr als ein Ausdruck der Anerkennung der Flugleistung des Piloten. Der ist hoffentlich gut ausgebildet und ausgeschlafen, ebenso wie ich erwarten kann, dass die Maschine regelmäßig gewartet wird. Im Applaus schwingt Freude über den glücklichen Ausgang oder Anfang der Reise mit. Keiner der Fluggäste hat ihn bewirkt, auch der Pilot hat ihn mit seinem Steuerknüppel nicht einfach in der Hand. Was sonst noch im Applaus alles mitschwingt, wissen wir nicht. Es ist etwas sehr Faszinierendes, manchmal auch Wundersames, es hat jedenfalls etwas sehr Befreiendes, sicher zu landen.

zeitstrom

wohlig
wie die zeit
entgegen
strömt

erheitert
der ganze leib

aufgerichtet
zugewandt

nichts nehmen
mir nichts
herausnehmen
müssen

halt ich
die hände auf

sie strömt
hinein zugleich
hindurch
ein hauch

Beglückend die Grenzen

Ab und zu stellt sich in einem vielfach von Gewohnheit und Wiederkehr bestimmten Leben der Wunsch nach dem anderen Leben ein, der Wunsch, dass die Alltagsgrenzen fallen, die Sehnsucht nach Entgrenzung, nach einer guten Portion Grenzenlosigkeit. Sie stellt sich in Räumen und Beziehungen ein, die zu eng geworden sind, die unwürdig sind, die ungerecht oder infam sind. Manchmal weiß ich es auch nicht so recht: Vielleicht hatten sie ihre Zeit einfach gehabt. Etwas ist vorbei. – Überwinden, überspringen, durchbrechen, das sind Vokabeln der Entgrenzung. Wie notwendig das ist, Grenzen zu überwinden, kenne ich auch aus dem politischen Leben – wie im Fall der Mauer mitten durch Deutschland, einer Grenze, die jahrzehntelang diesseits und jenseits Leid und Verrat bedeutete und für viele auch den Tod. Laufen können, sich bewegen können, nicht dauernd anecken, eine Grenze im Blick haben müssen: Von der Notwendigkeit, Grenzen zu überwinden, erzählt jeder Lebenslauf.

Grenzlos sein – welch süße Selbstvergessenheit, welch eine Illusion!. Was ein Glück, dass es Grenzen gibt. Und dass wir sie achten. Die Grenzen des Wachstums zum Beispiel. Im Jahr 1969 hat erstmals der Club of Rome auf die Grenzen des quantitativen Wachstums aufmerksam gemacht. Es ist kaum zu glauben, wie lange das her ist, dass dieser Zusammenschluss prominenter Wissenschaftler auf die Grenze des immer Mehr und immer Weiter hingewiesen hat. Und wie lange Prozesse der Veränderung brauchen, bis sie vom Bewusstsein ins Handeln kommen.

Eine Beglückung sind die Grenzen, die mir mit meiner Leiblichkeit gesetzt sind. Mein Leib hat Kontur, mein Leben ist begrenzt. Beglückend die Grenzen, innerhalb derer wir uns beheimaten können. Wie sonst sollten wir leben, wenn wir uns nicht – vielleicht immer wieder neu und an verschiedenen Orten, auch an verschiedenen Orten zugleich, beheimaten könnten? Beglückend die Grenzen, die uns gegeben sind, dass der andere, die andere, wie es im Liebesgebot heißt, zwar ist wie ich, aber dass er, dass sie eben nicht identisch ist mit mir. Beglückend die Grenzen, die uns Gott zeigt, indem er Menschen verschiedene Wege eröffnet, ihm zu begegnen – auch wenn das im Zusammenleben häufiger auf der Zumutungsseite zu finden scheint und nicht auf der Seite des reinen Wohlbefindens.

Grenzen behindern nicht nur, sie schaffen zuallererst Raum, in dem sich Leben entfalten kann. Das gilt, so finde ich, in diesen Zeiten besonders für die Grenzen des Anstands. Unanständig und übergriffig ist etwa alles, was das Vertrauen unterminiert, dass es in unserer Gesellschaft einigermaßen gerecht zugehe oder wenigstens in absehbarer Zeit gerechter zugehen könnte! –

Deswegen ist es so wichtig, dass Grenzen nicht dauernd in Gefahr sind. Psalm 147 nimmt das in bemerkenswerter Weise auf. Nach Jahrhunderten von Fremdherrschaft, Verschleppung und Exil haben die Bürgerinnen und Bürger von Jerusalem im ausgehenden 5. Jahrhundert vor Christi Geburt wieder eine Stadtmauer. Die Häuser, die Marktstraßen, die Versammlungsorte, die Rechtsprechung, der Tempel ist wieder umschlossen von einer Mauer, die den bewohnten Raum vom hügeligen, vom flachen Land trennt, vom verschwimmenden Horizont, von all dem Unwägbaren, das da an Gefahren lauert. Zugleich ist dieses umgebende Land seinerseits in Grenzen, die zumindest für diese Zeit Schutz und Sicherheit bieten. Zwei Verse des Psalms sind es, die meine besondere Aufmerksamkeit haben: *Gott hat keine Freude an der Stärke des Rosses,* heißt es in Vers 10 und 11, *und keinen Gefallen an den Schenkeln des Mannes. Gott hat Gefallen an denen, die ihn fürchten, die auf seine Güte hoffen.* Das heißt: Gott hat keinen Gefallen an der Gewalt und ihrer Verherrlichung, auch nicht an ihrer federbuschigen Inszenierung, keinen Gefallen daran, dass Menschen gedemütigt werden, keinen Gefallen daran, dass Menschen zu Tode gebracht werden, und sei es durch Unterlassung. Es gehört Phantasie und Mut dazu, andere Wege als die der Gewalt zu beschreiten, wie jene Zehntausende in Leipzig im Jahr 1989 oder Kairo 2011 – und sich ihr zugleich entgegenzusetzen, wohl wissend, dass das nicht ohne Gefahr ist. –

Gott hat Gefallen an allem, was aufrichtet, was uns einander aufrichtig begegnen lässt. Im Fall der Stadt Jerusalem, der Stadt auf dem Berg vor zweieinhalbtausend Jahren, braucht es dazu die Mauer: als Eindämmung zügelloser Gewalt, als Hort, in deren Schutz sich leben lässt. Wir sind in unserem Leben darauf angewiesen, solche Schutzräume zu haben, damit wir uns nicht ständig fürchten noch wehren müssen – sondern einfach sein können. Und wir sind darauf angewiesen, dass solche Mauern wieder durchlässig werden, um uns nicht zu verschanzen und darin den Kontakt zu verlieren und einsam zu werden. *Gott segnet deine Kinder*, heißt es in diesem 147. Psalm weiter, *Gott segnet deine Kinder in deiner Mitte. Er schafft deinen Grenzen Frieden.* Welch eine Verbindung: Kinder, die in der Mitte stehen und die gesegnet werden, und Grenzen, denen Gott Frieden schafft. Je mehr du die Kinder achtest, ihre Würde, ihre Chancen, ihnen Möglichkeiten eröffnest, sich in diesem Leben zurechtzufinden, zu behaupten – desto friedvoller sind deine Grenzen. Desto friedvoller geht zusammen, was verschieden ist und verschieden bleibt.

Wo um Grenzen nicht gefürchtet werden muss, da kann an ihnen viel probiert werden, und muss es auch: an Grenzen rütteln, an Grenzen sich austauschen, Grenzen erweitern, Grenzübergänge öffnen. Beglückend ist es und ein Vergnügen, Grenzen in der Weise zu erweitern, dass wir die Phantasien der Grenzenlosigkeit hinter uns lassen. Sie tun nicht gut und sind, in der Sprache der christlichen Tradition, Blasphemie, Gotteslästerung. Wo selbst Gott seine Allmacht begrenzte im Geschehen um diesen Jesus von Nazareth, da werden wir uns die Allmacht nicht holen wollen.

Grenzen – ein Zeichen der Endlichkeit der Schöpfung, ein Zeichen, dass alles was lebt, endlich ist, wird und vergeht. Dass Grenzen erweiterbar sind, erlebt jedes Kind, wenn wieder mal Hosen und Schuhe zu klein geworden sind, der Lebensraum sich geweitet hat. Das ist nicht nur eine Möglichkeit im Heranwachsen, sondern auch im Erwachsensein. Lernen geschieht *immer* an Grenzen, Veränderung geschieht immer da, wo Bestehendes zu klein oder zu eng geworden ist und da, wo die Neugierde beginnt, den Raum zu öffnen: Ich bin noch nicht zu Ende gekommen. Da gibt es noch was. Wohin soll ich mich orientieren? Wie will ich mich ausrichten und mit wem?

liebes band

so sind wir da
guter gott
voll dankbarkeit
über das leben
das du schenkst

die vielfalt und die eigenarten
die eigensinne und die unterschiede
die kinder und die alten
und die zwischendrin

die gleichfarbigen
die andersfarbigen
und die schwarzen

sei du das band
das uns eint

ein liebes band

du bringst uns zusammen
bändigst
wo leben eng wird
da weitest du
richtest auf und stärkst uns

Siebzehn Fragen zur Lebensreise

1. Was ruft das für ein Lebensgefühl in Ihnen wach, als Metapher für Ihr Leben, das Bild der Reise, der Lebensreise zu wählen? Sich als Lebensreisende, als Lebensreisender zu sehen?

2. Wie würden Sie Ihre Lebensreise bezeichnen: als Abenteuerreise – Pauschalreise – Dienstreise – Irrfahrt – Pilgerreise – Kreuzfahrt – Entdeckungsreise – anders?

3. Mit welchem Auftrag Sind Sie unterwegs? Gibt es dazu einen Auftraggeber, eine Auftraggeberin? Oder sind Sie im eigenen Auftrag unterwegs?

4. Sind Sie augenblicklich eher gemächlich, in munterem oder in schnellem Tempo unterwegs? Zu Fuß? Auf dem Fahrrad? Zu Wasser? In einem kollektiven Transportmittel wie der Straßenbahn oder dem ICE? Im Jet? Oder im Auto?

5. Wie sieht Ihre derzeitige Wegstrecke aus? Glatt? Asphaltiert? Kopfsteinpflaster? Sandpiste? Gleise? Fluss? See? Meer? Rollbahn? Aufwärts? Abwärts? Auf und ab?

6. Würden Sie sagen, dass Sie zufrieden sind mit dem Weg und der Weise, wie Sie sich gerade auf ihm bewegen?

7. Wie gestalten Sie die täglich wiederkehrenden Aufbrüche? Was brauchen Sie, um morgens gut aus dem Haus gehen zu können? Was, um am Abend wieder gut nach Hause zurückzukehren?

8. Wie wählen Sie Ihre Reisegefährtinnen, Ihre Reisegefährten? Was soll ihnen zu eigen sein? Welche meiden Sie?

9. Wie kommen Sie an die nötigen Informationen über Wegstrecke und Streckenabschnitte?

10. Wie wählen Sie die Rastplätze, die Räume der Ruhe? Welches sind Ihre Kraftorte? Und was bekommen Sie da genau?

11. Was sind die angenehmsten Orte, an denen Sie bislang entlanggekommen sind, verweilt haben? Welchen Ort werden Sie ganz sicher nicht mehr aufsuchen wollen? Und was bedeutet das für Ihre Wahl künftiger Orte?

12. Wie bestehen Sie kritische, gar ausweglose Situationen, Zeiten der Weglosigkeit? Wo schauen Sie nach Wegweisern? Wie nehmen Sie sie wahr? Welchen trauen Sie?

13. Wie unterstützen Sie in Ihrer Wegerkundung Ihr angesammeltes Know-how, Ihre Erfahrung, Ihre religiöse Prägung, Ihre Alltagsfrömmigkeit?

14. Wenn Sie an die Wegstrecke heute und morgen denken – was überwiegt: die Angst, sich zu verirren, verlorenzugehen, sich zu verlieren? Oder das Verlangen, zu erkunden, zu entdecken, zu finden, anzukommen?

15. Würden Sie, wenn Sie es nochmals zu tun hätten, einen anderen Weg wählen? Wenn ja, was hindert Sie daran, es auf eine andere Weise vielleicht jetzt zu tun? Was könnte Sie dazu bewegen es zu wagen? Wenn nein, warum würden Sie denselben Weg wieder gehen?

16. Welche Menschen wollen Sie auf ihrer Lebensreise (noch, immer wieder, vielleicht für länger) treffen? Was setzen Sie dafür ein, dass es eintrifft?

17. Wie sieht Ihr nächster Schritt aus? Wie würden Sie das formulieren, wenn Sie es in ein, zwei, höchstens drei Sätzen einem Freund oder einer Freundin sagen wollten?

Deine Gnade bleib bei uns

Liturgical Hymn, Ghana
Original in Twi: Ma wo adom no mmra yɛnso. Ye srɛ wo, Amwrade.
Unterlegter Text in Umschrift. Deutsche Version von Michael Lipps

Ma wa - dom no mra jän - so.
Dei - ne Gna - de bleib bei uns.

Je srä wo, Äm - wra - de.
Bleib bei uns, gu - ter Gott.

Hinweise

Innehalten

„Was heißt denn ‚Eigensinn'? Das, was einen eigenen Sinn hat. Oder nicht? Einen ‚eigenen Sinn' nun hat jedes Ding auf Erden, schlechthin jedes. Jeder Stein, jedes Gras, jede Blume, jeder Strauch, jedes Tier wächst, lebt, tut und fühlt lediglich nach seinem ‚eigenen Sinn', und darauf beruht es, daß die Welt gut, reich und schön ist." So schreibt Hermann Hesse über den *Eigensinn*. In: Sinclairs Notizbuch, Frankfurt a.M. 1985, S. 55 ff. – Vgl. auch den Vierzeiler von Erich Fried: „Eigenartig / wie das Wort eigenartig / es fast als fremdartig hinstellt / eine eigene Art zu haben". In: Erich Fried: Die Freiheit den Mund aufzumachen. Achtundvierzig Gedichte. Berlin 1972. S. 28. – Zur *Hingabe* ein Gedanke von Paul Tillich: „Wir wissen, dass Mangel an Liebe in früher Jugend zu geistigen Störungen führt. Wissen wir aber auch, dass ein Mangel an Gelegenheiten, uns selbst zu verschwenden, ebenso gefährlich ist? In vielen Menschen lebte ursprünglich ein übervolles Herz, aber Gesetze, Konventionen und eine strenge Selbstkontrolle haben es unterdrückt, so dass es abgestorben ist. Die Menschen sind nicht nur krank, weil sie keine Liebe empfangen haben, sondern auch, weil es ihnen nicht erlaubt war, Liebe zu geben, sich selbst zu verschwenden. Unterdrückt in euch oder anderen nicht das überströmende Herz, die sich verschwendende Selbsthingabe und den Geist, der höher ist als alle Vernunft! Spart nicht gierig eure Zeit und eure Kräfte nur für das Nützliche und Vernünftige! Haltet euch offen für den schöpferischen Augenblick, der mitten in scheinbarer Verschwendung eintreten kann!" Paul Tillich: Heilige Verschwendung. Predigt über Markus 14,3-9. In: Das Neue Sein. Religiöse Reden, 2. Folge Frankfurt 6. Auflage 1986 [= 1956]. S. 52 bis 55. Hier: S. 54 | *Adinkra* ist eine ursprünglich wohl an der Elfenbeinküste entstandene, in Ghana literarisch und auf Gegenständen des täglichen Gebrauchs weit verbreitete Symbolsprache. Jedes Adinkra-Symbol steht für ein Wort der Asante-Sprache. Zu den Adinkra-Symbolen insgesamt: Kwamena Buckman: Adinkra Symbols. London o.J. und Kwaku Amoako-Attah Fosu: Handbook on Kente Designs and Adinkra Symbols. Kumasi 2007

Weg und Ziel

Das Bergpredigtzitat findet sich in Matthäus 5,34.

Aufsteigend
Evangelisches Gesangbuch, Nr. 451 | Martin Luthers Morgengebet ebenfalls im Evangelischen Gesangbuch, Nr. 808.1

Was willst du mit deinem Leben?
Die Berufung des Mose in 2. Mose 3; die Berufung der Jünger etwa Markus 1,16ff | Das Perlenlied ist zitiert nach Otto Betz / Tim Schramm (Hrsg.): Da gedachte ich der Perle. Thomasevangelium und Perlenlied. Düsseldorf 2006, S. 17 bis 24

Lernen
Psalm 86,11 (New Revised Standard Version) und Psalm 103,2 | Die Christusikone vom Heiligen Berg Athos im Raum der Stille des Ökumenischen Bildungszentrums *sanctclara* Mannheim hat das Motiv „Christus der Lehrer". | Zum Lernen als „aggressiven Vorgang" s. Helga Belz, in: Auf dem Weg zur arbeitsfähigen Gruppe. Kooperationskonzept von Helga Belz. Prozessberichte aus TZI-Gruppen. Mainz 1988 (Aspekte Themenzentrierter Interaktion). S. 10 bis 32. Hier: S. 18: „Der erste Schritt von passivem Hören und Sehen zum aktiven Eintreten für persönliche Interessen zeigt, dass Lernen nicht rezeptiv, sondern ein aggressiver Akt ist. Das gilt für jede verantwortungsbewusste Zusammenarbeit, gleichgültig welche Organisationsform einer Institution zugrunde liegt."

Wie ein Stück Mango auf der Zunge
Das Adinkra-Symbol steht für „Miteinander", bedeutet „Freundschaft und Interdependenz". | Biblischer Bezug: Psalm 23,4b

Wahlheimat und Weggemeinschaft
Matthäus 12,46-50

bußgebet am samstagabend
Nach einem mir mündlich mitgeteilten Gebet aus einer alten Kindergottesdienstliturgie aus dem Bereich der Evangelischen Landeskirche in Baden, Quelle unbekannt

Mosheshoe
Das Adinkra-Symbol bedeutet „Sorgfalt und Großzügigkeit, Charisma, Führungsqualität". | Ich verdanke die Fakten dieser Geschichte Prof. Andrew F. Walls. Andrew Walls ist Honorary Professor in the University of Edinburgh and Professor of the History of Mission at

Liverpool Hope University. Er lehrt regelmäßig am Akrofi-Christaller-Institute of Theology, Mission and Culture in Akropong/Ghana. Als ich ihn, den schottischen Christen methodistischer Prägung, beim Frühstück am Tag, nachdem er die Geschichte erzählt hatte, darauf ansprach, dass sie mich anhaltend beschäftige und sie mir vorkomme wie ein Lehrstück zur Ökumene, nickte er und meinte, es wäre zu überlegen, ob man in Nordirland nicht eine Zeitlang aufhören solle, Kinder zu taufen, so dass Menschen nicht von Anfang an sich ihr Leben lang in getrennten, trennenden Gemeinschaften vorfänden!

palmkronen
Das Adinkra-Symbol bedeutet „Anpassungsfähigkeit".

Tonfolgen des Trostes
Zum Ganzen 1. Samuel 16,14-23 | Jesaja 38,17: *Siehe, um Trost war mir sehr bange. Du aber hast dich meiner Seele herzlich angenommen ...* Die zweite Übersetzung nach Otto Kaiser: Der Prophet Jesaja. Kapitel 13-39 (= Das Alte Testament Deutsch. ATD, Band 18). 3. Auflage 1983, S. 316

Wege der Versöhnung
Das Adinkra-Symbol bedeutet „Frieden schaffen, Versöhnung". | „Oburoni" ist in Twi die Bezeichnung für einen Weißen, eine Weiße.

christmas eve 2010
Das Adinkra-Symbol bedeutet „Macht der Liebe". | „Closing prayer" im Heiligabendgottesdienst 2010 in der Ramseyer-Memorial-Church in Kumasi / Ghana

sich aufmachen
Das Gleichnis steht in Lukas 15,11-32.

Pick up your life
Das Adinkra-Symbol bedeutet „Bereitschaft, Standhaftigkeit". | Choralzeile aus Evangelisches Gesangbuch, Nr. 345 | „Osofo" ist Twi und heißt „Pfarrer".

Haltet mich nicht auf
Heinrich Böll: Wir kommen weit her. Gedichte. Mit Collagen von Klaus Staeck, Nachwort von Lew Kopelew. Göttingen 1986, S. 82 | Biblische Verszeilen aus 1. Mose 24,56 und Hebräer 13,14

En passant
Das Adinkra-Symbol bedeutet „Barmherzigkeit, Pflege". | Korf erfindet eine Art von Witzen. In: Christian Morgenstern: Sämtliche Galgenlieder. Zürich 1985, S. 197

Seelenwegweiser
Liedzeile aus dem Evangelischen Gesangbuch, Nr. 675

Staunend gehen
„Ihre letzten Jahre waren geprägt von Dankbarkeit ..." So Ruth Cohns langjährige Weggefährtin und Freundin, Helga Herrmann, zusammen mit andern in der Traueranzeige- „Sie [Ruth Cohn] war eine großartige Lebens-Lehrerin." | A. Farau/Ruth C. Cohn: Gelebte Geschichte der Psychotherapie. Zwei Perspektiven. Stuttgart 1984 | Das Gebet in: Ruth C. Cohn: zu wissen dass wir zählen. Gedichte, Poems. Mit Scherenschnitten von Annemarie Maag. Bern 1990, S. 51 | Kurt Marti: Das könnte den Herren der Welt ja so passen. Zitiert nach dem Gesangbuch der Evangelischen Brüdergemeine. Basel 2007, Nr. 333 | Den Hinweis auf die Blumen in der Mitte verdanke ich Matthias Kroeger: Ansprache bei der Trauerfeier für Ruth Cohn am 6.2.2010 in Düsseldorf. In: Themenzentrierte Interaktion / theme-centered interaction 2/2010, S. 11-17. Hier: S. 13.

Friedefürst
Das Adinkra-Symbol bedeutet „Zusammenarbeit, Interdependenz".

Dein sein.
Das Lied „Schönster Herr Jesus" unter Nr. 403 und „Mein schönste Zier und Kleinod bist" unter Nr. 473 im Evangelischen Gesangbuch, im Gesangbuch der Evangelischen Brüdergemeine unter Nr. 124 bzw. 809 | Martin Buber: Ich und Du. Zitiert nach der 11. Auflage, Heidelberg 1983, S. 18 | Paulus im Römerbrief, Kapitel 11,33-36

Nathanael
Das Adinkra-Symbol bedeutet „Ausdauer, Beständigkeit". Astrid Lindgren: Ferien auf Saltkrokan. Hamburg 1966

Wir sind Ruander
Das Adinkra-Symbol steht für „Unabhängigkeit, Freiheit, Emanzipation".

friedensstifter
Das Adinkra-Symbol bedeutet „Frieden, Harmonie".

Wie ein Teppich vor die Füße gelegt
Die Weihnachtslieder unter Nr. 39 und Nr. 32 im Evangelischen Gesangbuch, unter Nr. 331 und 330 in „Eingestimmt. Gesangbuch des Katholischen Bistums der Alt-Katholiken in Deutschland" bzw. Nr. 140 im Gotteslob | Psalm 31,15b.16a

Es wird was für mich dabei sein
Das Adinkra-Symbol bedeutet „Gottes Schutz und Gegenwart". | Text aus dem Liturgieblatt im Gottesdienst in Christ-Church in Akropong/Ghana am 6. Februar 2011

aller seelen
Dem englischen Text aus „Es wird was für mich dabei sein" auf deutsch entlanggebetet

Mit dem rechten Fuß zuerst
5. Mose 6,4 und Psalm 121,3

Namenlos
Das Adinkra-Symbol bedeutet „Hoffnung".

zeitläufte
Das Adinkra-Symbol steht für „Gott".

Impressum

© 2011 Edition Quadrat

All rights reserved

Printed in Germany

ISBN: 978-3-941001-07-7

Gestaltung: Edition Quadrat | Diana May

Druck: E&B engelhardt und bauer Druck und Verlag GmbH, Karlsruhe

Bindung: Buchbinderei Schaumann GmbH, Darmstadt

Gedruckt auf Munken Print Cream 15, 115g/m², FSC

No part of this book may be reproduced in any form or by any electronic or mechanical means without prior written permission by the publisher Edition Quadrat, Germany.